幼児食　進め方早見表

幼児食は、子どもの発達段階に応じて3段階で進めていきます。個人差があるので、子どもの様子を見て次のステップに移るようにしましょう。

年齢

ステップ❶　1～1歳半

1日の摂取エネルギーの目安

男の子：950kcal　女の子：900kcal

（前段）：900kcal

1日の食事回数

3回+おやつ1～2回

（前段）回

1回の食事例

主食は米をメインに、パンやめん類で変化をつけて。主菜は肉・魚・卵・大豆製品の4種類を3食に分けて摂ります。

（前段）淡色野菜3：緑黄色～2の割合で3食て摂ります。海藻りこ類もなるべくメに取り入れましょう。

おやつ例

おやつは不足しがちなエネルギーや栄養を補給する役割があります。パンやご飯、パスタをアレンジしたものなどを取り入れて。

（前段）しての役割もあるお野菜を加えた蒸しパンドイッチなら、エー以外の栄養も補給す。

食べ物の形状

かたさ
前歯で噛み切れて、歯ぐきでつぶせる程度のもの。

形・大きさ
棒状に切ったり、指でつまみやすいように丸めたりするなど、手づかみで食べやすい形にするといいでしょう。

（前段）**きさ**
ンやフォークで扱いきさ、形にするよて。

食事の様子

自分で食べたいという意欲が出てくる時期。積極的にスプーンやフォークを持たせましょう。実際は手づかみ食べが中心[illegible]見守ってあげること。

（前段）ます。好き嫌いが出ありますが、この時ぎないように。

歯の状態

[illegible]かじり歯ぐきでつぶす
[illegible]の前歯が8本揃います。食べ[illegible]前歯でかじり取れるようにな[illegible]す。

（前段）**力がアップ**
ええ、食べ物を奥ようになります。

1食の食品の目安量

	主な栄養素	食品	目安量
主食	炭水化物	米、パン、めん類など	軟飯90g～ やわらかめのご飯80g
主菜	たんぱく質	魚、肉、豆腐、卵、乳製品	魚または肉なら 15～20g
			豆腐なら50～55g
			卵なら全卵1/2～2/3個
			乳製品なら100g
副菜	ビタミン、ミネラル	野菜、果物	40～50g

※1日の食品の目安量はP.29を参照。

目安量
わらかめのご飯100g
または肉なら ～30g
腐なら50～55g
なら全卵1/2～2/3個
製品なら100g
～50g

与えるときは、細かく刻んであげましょう。

幼児期に注意したい食品リスト

炭水化物

食品名	1～1歳半	1歳半～2歳	3～5歳	注意点
玄米	△	△	○	消化吸収率が悪いので、食べる際にはやわらかめに炊きましょう。
コーンフレーク（無糖）	○	○	○	無糖のものを牛乳などでやわらかくすれば１歳からＯＫ。
赤飯・おこわ	△	△	○	もち米は弾力があるので奥歯が生えてから。
胚芽米	△	○	○	消化しにくいので、１歳代はごく少量におさえましょう。
干しいも	×	△	○	噛み応えがあるので、奥歯が生え揃ってから与えましょう。
もち	×	×	△	のどにつまらせる危険があります。小さくちぎって３歳以降に。
山いも	△	○	○	皮膚に触れるとかゆくなる場合があるので、１歳代には加熱したものを。
ライ麦パン	△	△	○	繊維質が豊富で消化しにくいので、与えるのは３歳以降に。

たんぱく質

食品名	1～1歳半	1歳半～2歳	3～5歳	注意点
油揚げ	△	△	○	噛み切れないので１歳代では刻んで少量を与えましょう。
いか・たこ	×	△	○	弾力があって噛み切りにくいので２歳頃からに。
えび・かに	△	○	○	アレルギー症状が出る可能性があるので、与えるときは様子を見ながら。
貝類（あさり・ほたて）	△	△	○	加熱して細かく刻めば１歳代から食べられます。
かき	○	○	○	よく加熱し、食べやすいように刻んであげましょう。
かまぼこ	△	△	○	なるべく無添加のものを。弾力があるので２歳頃からに。
魚卵（いくら・たらこ）	×	△	△	塩分が多いので、与えるときはごく少量にしましょう。
刺し身	×	△	△	新鮮なものであれば、２歳代から与えてもいいでしょう。
ソーセージ	○	○	○	塩分や添加物の少ないものを選ぶように。
ちくわ	△	○	○	塩分が多く、弾力もあるので与えるなら少量を。
生卵	×	×	△	細菌感染の可能性があるので３歳以降から。極力控えるのがベター。
ハム	○	○	○	塩分や添加物の少ないものを選びましょう。
干物	△	△	△	塩分が多いので、与えるならごく少量を。
ベーコン	△	△	○	スープのだしに使う場合は１歳からＯＫです。

調味料

食品名	1～1歳半	1歳半～2歳	3～5歳	注意点
カレー粉	△	○	○	刺激が強くなりすぎないよう、少量を使うようにしましょう。
こしょう	×	△	△	刺激物なのであえて使う必要はありませんが、少量ならＯＫです。
しょうが	△	△	△	加熱したものを香り付け程度に使うのであればＯＫ。
しょうゆ	○	○	○	風味付け程度におさえて。大豆アレルギーに注意。
酢	○	○	○	味付けのアクセント程度に使うのであればＯＫ。
ソース	○	○	○	刺激が強いので、使う場合は少量におさえましょう。
にんにく	×	△	△	加熱したものを香り付け程度に使うのであればＯＫ。
マヨネーズ	△	○	○	生卵が使われているので１歳代までは加熱して使いましょう。
みりん	△	○	○	加熱してアルコール分を飛ばしてから。糖分も含まれているので、1歳半までは少なめに。

※○×△はあくまでも参考となる目安です。子どもの発達・成長に応じて調整してください。

食べられる食材が次第に増える幼児期ですが、まだまだ注意が必要です。
外食の機会も増えるので、子どもの成長に合った適切な食品選びを心掛けましょう。

外食メニュー

マークの読み方　○＝食べさせても問題ない　△＝調理法や量に注意が必要　×＝避けたほうがよい

食品名	1～1歳半	1歳半～2歳	3～5歳	注意点
うな重	×	×	△	味が濃く、小骨もあるので与えるなら3歳頃から。
オムライス	△	○	○	卵にしっかり火が通っていれば１歳代から与えてＯＫ。
カレーライス	×	×	×	幼児用のものであれば１歳からＯＫですが、外食でのカレーなどは塩分も多いので、なるべく避けるように。
餃子	△	○	○	油分が多いので、与える際は量を控えめにしましょう。
グラタン・ドリア	○	○	○	食べにくい具は取り除いてから与えましょう。
寿司	×	△	○	いなり寿司やのり巻きを中心に。生ものがのった寿司は2歳代から。
スパゲティミートソース	×	△	○	めんを食べやすい長さに切って与えましょう。
そば	×	△	○	アレルギー症状が出る可能性があるので、はじめて食べるときは様子を見ながら少量ずつ。
チャーハン	△	○	○	味が濃い場合は控えめにしましょう。
漬物	×	×	△	塩分が多いので、どうしても欲しがるときだけ少量を与えましょう。
天ぷら	△	△	○	油分が多いので、１～２歳代は衣を取り除いて与えるといいでしょう。
ピザ	×	×	○	食べにくい具は取り除き、少量を与えましょう。
フライドポテト	×	△	△	油分、塩分が多いので、与える場合は少量におさえて。
フライドチキン	×	△	△	身の部分を少量与えるようにしましょう。
焼きそば	×	△	○	味が濃いので少量にしましょう。めんは食べやすい長さに切って。
焼き鳥	×	△	△	味が濃いので、与える場合は少量におさえましょう。
ラーメン	×	△	○	味が濃いので、１歳代では湯ですすいだめんのみにしましょう。

コンビニメニュー

食品名	1～1歳半	1歳半～2歳	3～5歳	注意点
アメリカンドッグ	△	△	○	味が濃いので、３歳以降も量は控えめに。
インスタントめん	×	×	△	油分、塩分、添加物が多いので、避けるのがベターです。
ウーロン茶・緑茶	×	△	△	カフェインを含むので、与えるのは１歳半頃から、水で薄めたものを。
菓子パン	×	△	△	高カロリーで糖分も多いので、与えるなら少量を。
ポテトコロッケ	△	△	○	１歳代は中身のポテトのみを。２歳以降もソースは避けて。
ショートケーキ	△	△	○	油分、糖分が多いので、与えるなら少量を。１～１歳半は生クリームはNG。
スナック菓子	×	△	△	１歳半頃から少量ならＯＫ。塩分、油分が多いので与えすぎないように。
中華まん	△	△	○	味が濃く、添加物も多いので、与える場合は少量におさえて。
飲むヨーグルト	×	△	△	糖分が多いので、与える場合は少量におさえて。
ハンバーガー	×	△	△	油分、塩分が多いので、与える場合は少量におさえて。
プリン	△	△	○	糖分や添加物が多いので、与える場合は少量におさえて。
ホットドッグ	×	△	○	マスタードは除いて。ソーセージは噛み切りやすいよう切ってあげましょう。

その他

食品名	1～1歳半	1歳半～2歳	3～5歳	注意点
切り干し大根	△	○	○	やわらかく煮て細かく刻んだものを与えましょう。
こんにゃく・しらたき	×	△	○	弾力があるので誤飲に注意。しらたきは細かく切って与えましょう。
生野菜	△	△	○	奥歯が生え揃うまでは食べにくいので、サッとゆでて与えましょう。
干ししいたけ	×	△	○	繊維が多く噛み切れないので、奥歯が生え揃ってから。戻し汁は１歳からOK。

ステップ❸　3～5歳

男の子：1300kcal　女の子：1250kcal

3回+おやつ1回

2歳までに比べると目安量が増えます。個人差や体調もあるので、1週間でおおよそが摂れていれば大丈夫です。

食物繊維が豊富ないも類は、おやつに最適な食材。噛み応えのあるいもけんぴなどは、噛む練習にもなります。

かたさ
大人より少しやわらかい程度のかたさにします。

形・大きさ
お箸ではさみやすい形のものを取り入れ、いろいろな大きさにチャレンジさせて。

落ち着いて食事ができるようになり、食事の時のマナーも習得できるようになります。お箸の練習を始めましょう。

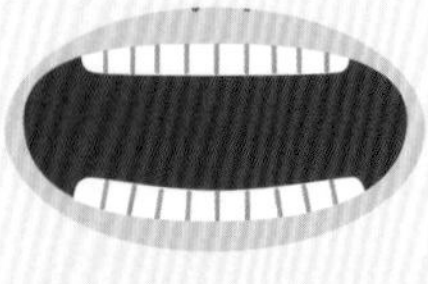

乳歯が生え揃い奥歯ですりつぶせるように
3歳までに上下の乳歯20本が生え揃います。咀嚼力も強くなりますが、まだ大人の半分くらいの力です。

	主な栄養素	食品	目安量
主食	炭水化物	米、パン、めん類など	ご飯100～120g
主菜	たんぱく質	魚、肉、豆腐、卵、乳製品	魚または肉なら30～50g
			豆腐なら60g
			卵なら全卵1個
			乳製品なら100g
副菜	ビタミン、ミネラル	野菜、果物	50～70g

※1日の食品の目安量はP.79を参照。

ステップ❷　1歳半～2歳

男の子：950kcal　女の子

3回+おやつ1～2

野菜は
野菜1
に分け
類やき
ニュー

食事と
やつ。
ンやサ
ネルギ
できま

かたさ
奥歯でつぶす練習ができるよう、少しかたさを残しましょう。

形・大
スプー
やすい
う心が

スプーンやフォークが使えるようになり
てきたり、遊び食べをしたりすることも
期にはよくあることなのでイライラしす

奥歯で噛み砕
奥歯や犬歯が
ですりつぶせ

	主な栄養素	食品	
主食	炭水化物	米、パン、めん類など	や
主菜	たんぱく質	魚、肉、豆腐、卵、乳製品	魚 2
			豆
			卵
			乳
副菜	ビタミン、ミネラル	野菜、果物	4

※1日の食品の目安量はP.55を参照。

1日の摂取エネルギーの目安は、「日本人の食事摂取基準2020年版」（厚生労働省）に基づいています。子どもの発達・成長によって異なります。
※海藻・きのこ類は、少量でいいので食べるようにしたい食材です。ただし、1～2歳は咀嚼力も消化能力も弱いので、大量に与えすぎないこと。

Hello! Baby & Kids

改訂新版

この1冊であんしん

はじめての幼児食事典

監修・料理

牧野直子

料理

小池澄子

朝日新聞出版

CONTENTS

改訂新版 この1冊であんしん はじめての幼児食事典

Part 2 毎日おいしい！ 栄養満点のラクラク献立 27

※この本の情報は２０２３年4月現在のものです。

本書の使い方と決まりごと

本書では、1〜1歳半、1歳半〜2歳、3〜5歳の3つに区分して、幼児食を解説しています。
これから幼児食を作るにあたり、参考にしてください。

梅肉の酸味が食欲をそそる

梅おかかとわかめ&ごまのおにぎり

【材料(1人分)】

	ご飯	100g
A	梅肉	少々
A	かつお節	1g
A	しょうゆ	少々
B	カットわかめ(乾)	ひとつまみ
B	白いりごま	少々

【作り方】

1. ご飯を2等分して、A、Bをそれぞれに混ぜ合わせる。
2. 1を食べやすい形ににぎる。

酸っぱいものが苦手なら、梅肉の量を少なめに。

カロリーを表示

子ども1人分のカロリーを表示しています。献立作りの参考にしてください。
※1〜1歳半の子ども向けレシピには表示していません。

ひと言コメント

おすすめの調理法や裏ワザ、味や栄養などについて、アドバイスを記載しています。

マークの見方

その料理が、献立のどれに属するか、マークをつけています。

- 主食 主食になるメニュー
- 主菜 主菜になるメニュー
- 副菜 副菜になるメニュー
- 汁もの 汁ものになるメニュー
- おやつ おやつになるメニュー

※ミニトマトや大粒のぶどうなどの球形で表面がつるつるしたものは、喉に詰まり呼吸ができなくなる恐れがあります。年齢や成長に応じて縦に4つに切って食べさせてあげてください。

材料・作り方について

- レシピは、基本的には子ども1人分です。一部、作りやすい分量で表記しているものがあります。
- 子どもの発達・成長には個人差があります。本書に書いてあることを目安に、子どもに合わせて調整してください。
- アレルギーと診断されている、またはアレルギーが疑われる場合は、医師の指導に従ってください。
- 1カップは200mL(cc)、大さじ1は15mL(cc)、小さじ1は5mL(cc)、米1合は180mL(cc)です。
- だし汁は、かつお節と昆布で取ったものです。
- 1〜1歳半のレシピ内にある「野菜スープ」は、鍋に小さく切ったキャベツ2枚、玉ねぎ1/4個、にんじん50g、水2カップを入れて中火で煮て、煮立ったら弱火にして20分ほどさらに煮て、こしたものです。
- 顆粒コンソメは無添加の顆粒コンソメです。コンソメスープは、通常の分量のコンソメスープを2倍に薄めたものです。
- レシピ内にある「水溶き片栗粉」は、片栗粉を同量の水で溶いたものです。
- 電子レンジの加熱時間は、600Wを使用したときのものです。500Wの場合は、表示時間の1.2倍を目安にしてください。ただし、機種などによって加熱時間が異なることがあるので、様子を見ながら調整してください。
- 材料に特に記載がない場合は、皮をむく、種を取る、芽を取る、筋を取るなどの下処理を行ってください。
- 調理の火力は、特に記載がない場合は中火で行ってください。
- うどん、パスタ、マカロニなどの市販製品は、メーカーによって調理方法や調理時間が異なるので、製品表示を参考に行ってください。
- Part4「『困った』が解消できる！ 魔法のレシピ」(P111〜)以降は、基本的に2歳児以降を基準にしています。1歳代の子どもは、成長に合わせて調整してください。
- 主食レシピとして紹介している料理で肉や魚が入っているものは、主菜を兼ねているものもあります。

Part 1

幼児食の基本

幼児食とは、離乳食を卒業してから、
大人と同じ食事が摂れるようになるまでの食事のこと。
子どもの体の発達に応じて
3段階で進めていきます。

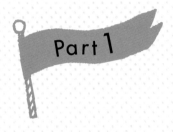

幼児食とは？

元気な心と体をはぐくむ

離乳食を卒業しても、大人と同じ食事が摂れるようになるまでにはまだまだです。発達に応じて形やかたさを調節していく段階的な食事が幼児食です。

個々の食べる力に合わせて調理法を変えていく

離乳食完了期前後の1歳半から、就学前の5、6歳くらいまでの子ども用の食事を幼児食と呼びます。この時期はまだ、長いめんは吸い込めませんし、ハンバーグも切り分けることができません。離乳食期を過ぎても、すぐに大人と同じものは食べられないのです。少ない歯でもつぶせるものやひとくちの量が調整できるものなど、子どもの「食べる力」に合わせて調理法を変化させていきましょう。

離乳食は、歯がない0歳児でも飲み込めるドロドロしたものが中心で、これが食べ物を舌で移動させ、唾液と混ぜて飲み込む「咀嚼《そしゃく》」の練習の始まりです。幼児食もこの咀嚼力の段階に合わせて、次第に形のあるものを増やしていく必要があります。やわらかいものばかりでは噛む力がつかないので、歯が生えてきたら、野菜スティックなど歯応えのあるものを入れたりして、工夫しましょう。

食事が楽しめる大人へと成長するお手伝いを

早い段階から大人の食べているものに興味を示して、同じものをほしがる子も少なくありません。ただし、3歳くらいまでは、大人より薄めの味付けが好ましいため、大人の料理を味付けする前に取り分けて、薄味に仕上げましょう。

また、幼児の食事は、未知の味、未知のにおいを体験する場でもあります。食事＝嫌な体験とならないように、「食べ物はおいしい」「食べることは楽しい」と感じさせる工夫も大切です。赤ちゃんから幼児へと心も体も急激にのびるとき。3食きちんと食べて体のもとを作り、大人の食事ができるようになるまでのステップを上手に作っていきましょう。

幼児食の3つの役割

1

成長に必要な栄養を摂り 健康な体を作る

体が急激にできてくる大切な時期なので、食事できちんとエネルギーと栄養を摂るようにします。1～2歳の男子で1日950kcal(女子は900kcal)、3～5歳で1300kcal（女子は1250kcal)のエネルギーが必要。栄養バランスに気をつけて献立を考えましょう。

体を作るのに必要な5つの栄養素(炭水化物、たんぱく質、脂質、ビタミン、ミネラル)がしっかり摂れる食事を。

2

食事という体験を通して 味覚や咀嚼力を養う

噛むことは、あごや脳の発達にも関わります。やわらかいものだけでなく、噛み応えがあるものも食べさせましょう。

人間はもともと、酸っぱいものや苦いものは、腐敗や毒と感じるため苦手なもの。でもさまざまな食体験を通して、おいしさを理解していきます。時間がかかっても、新しい味や食感にチャレンジを。咀嚼力を育てるためには、たまに歯応えのあるものも必要です。

3

自分で食事ができる 楽しさを味わう

この時期はまだ気分のムラが激しく、食に興味がなかったり、嫌な味を我慢できない子が多いものです。それでも体や歯は大人に近づいています。調理法や盛り付け方を工夫して、少しずつ食の体験を増やし、食べられる楽しさを味わわせてあげてください。

食べることは栄養補給だけでなく、正しい食習慣を身につけたりマナーを学んだり、社会性を育てるという側面もあります。

●食べることの大切さを伝えよう

幼児食の上手な進め方

食事量が少なかったり、野菜を食べなかったり……。ぐんぐん成長する幼児期の食事は気になることがいっぱいですが、まずは、食べることの楽しさを伝えましょう。

心身の発達に合わせて段階的に調理法を変えていく

本書では、幼児を年齢別に「1～1歳半」「1歳半～2歳」「3～5歳」と3つに分けています。これは、年齢によって、体の発達や食事の形態が変わってくるからです。発達は個人差が大きいので、歯の数やだいたいの運動能力などを目安にしてください。

1～1歳半

離乳食からの卒業が、幼児食のスタート。この時期は、まだ離乳食の完了期で幼児食に移る前の準備期間なので、この段階では、「歯ぐきで噛みつぶして食べる」ことが目標です。口に入れて飲み込めればOKということではなく、きちんとモグモグ口を動かしているか、おいしいと感じてもっと食べたがるか、ということも見てあげてください。食べたがらないようなら、前の段階に一度戻してかまいません。

1歳半～2歳

1歳半を過ぎ、奥歯が生えてきたら、第2段階へ。少しかたさのあるものを与えます。薄切り肉や少し食感を残した煮物などもOK。指でつかむ力もついてきて、お皿の上のものを手でつかもうとします。これは食事への興味の表れでもあるので、つかみやすいおにぎりやサンドイッチなどをメニューに加えても。

3～5歳

3歳以上になると、幼児食の最終段階です。お箸を使えるようにしたり、ひとりでも食べられるよう練習します。大人食になるまではあと一歩。繊維質の野菜、きのこ類、海藻なども取り入れ、食材や調理法を工夫することで、咀嚼力を高めていきましょう。

幼児食の進め方 5つのポイント

1 栄養バランスは1週間単位で

むら食い・遊び食べの多い時期です。1回の食事で栄養バランスが偏っていても、1週間を通してだいたいの栄養が摂れていればＯＫと考えましょう。好き嫌いがあっても、調理法を変えたり、食事の場所を変えたりするだけで解決することがあります。

2 食べたい気持ちを大切に

幼児期になると、「自分で食べたい」という気持ちが強くなります。うまく食べられずに汚してしまうことも。でも、それを怒るのでなく、汚してもいい環境を整えることが大切。使いやすい食器を用意し、体が安定するイスで食事をするようにしましょう。

3 食事は決まった時間にする

１日３回の食事とおやつは、だいたい決まった時間にしましょう。時間を決めることで、１日の生活リズムが整ってきます。泣くたびにおやつをあげることが続くと、それが習慣になってしまいがち。「空腹」「満腹」という体の状態を覚えることも大切です。

4 食器や盛り付けにひと工夫

食に興味のない子でも、料理がカラフルだったり、好きなキャラクターのお皿に盛り付けてあったりするだけで、食べてくれることがあります。バランスよく食べることを「義務」とせず、ときには楽しい食卓を「演出」してみてください。

5 家族で食卓の雰囲気を作る

食事が楽しい時間であれば、自然と食欲がわいてきます。食事中に怒ってばかりいたり、テレビを見ていたり、子どもひとりでの食事を習慣にしたりするのはＮＧ。家族で食卓を囲んで食べる楽しさを共有し、大人が率先して食事のマナーを見せましょう。

成長に合わせて進めよう

幼児食の3ステップ

ひとくちに幼児といっても、1歳と5歳では体の作りはまったく異なります。幼児食の移行は個人差が大きいので子どもの成長度を見ながら調節しましょう。

ステップ1 1～1歳半

赤ちゃんから幼児へ 自己の心が芽生えてくるとき

卒乳する子も多くなり、離乳食もそろそろ完了する時期。この頃には、よちよち歩きをしながら、自分でいろいろなところへ行けるようになります。運動量が増えるので、「赤ちゃん」から「幼児」へと体形もスマートになってくるでしょう。

食べる量が増えるので、母乳やミルクは与えなくても、栄養的には大丈夫。3食＋おやつで必要なエネルギーを摂るようにします。

はじめて食べる味や食感は、拒むことが多くて当たり前。はじめてのときは嫌な顔をしても、味の記憶は残るものです。幼児はさまざまな味を体感することで、味覚を形成していきます。調理法によっておいしく感じられるようになれば、好みの幅も広がるでしょう。

幼児食はあせらず 子どもに合わせて進めること

この時期は、まだ手指が思い通りには動かず、興味を持ったものは何でも手でつかんだり、口に持っていったりします。また、食べ物を顔に塗ったり、お皿ごと床にひっくり返したり、大人にしてみれば予想もしない展開があるかもしれません。しかし、こうして手を使って食べるという体験を重ねることで、食べ物を口に運ぶという動きを学んでいます。

この時期はまだあせらず、ゆっくりのペースで離乳食から幼児食への移行を進めましょう。形のあるものを嫌がるようなら、いったん前の段階の離乳食に戻してもOKです。

言葉のコミュニケーションで 心の発達も促して

まだたくさん話すことはできませんが、周囲の言葉はきちんと届いています。「おいしいね」などの共感の言葉も、大人にいわれてはじめて覚えます。

食事にあまり興味がない子でも、遊びの延長で語りかけてみましょう。お気に入りのぬいぐるみなどを動かして「僕おなかがすいちゃった！　一緒にごはんを食べよう」と促すことで、案外すんなり食卓につくということもあります。

1～1歳半の特徴

色や形がはっきりとわかるくらいに視力が発達

視力は1歳で0.1ぐらいになり、その後急速に発達して、空間が認識できるようになります。活動範囲が広がり、段差をハイハイで上がっていくことも。食事のときも、動きたがることが多くなるかもしれません。

自分で食べ始めようとする時期

好奇心が旺盛になり、なんでも「自分でやりたい」という心が芽生え始めます。こぼしたり、ひっくり返したりしながらも、手でつかんで口へ運ぶことで、自分で食べる練習をしていきます。

「ママ」「ワンワン」などの簡単な言葉が話せる

個人差はありますが、1歳半くらいになれば、単語をいくつか話せるようになります。話す単語の数は少なくても、まわりの言葉は理解しているので、ほしいものを指さしたり、褒められると喜んだりします。

さまざまな感情が芽生え始める

思い通りにならないとすねたり、大人の興味がほかの赤ちゃんに向いていると嫉妬《しっと》したり、今まで見られなかったさまざまな感情が出てきます。反抗したりして、大人はイライラすることもあるかもしれませんが、叱りすぎないよう心がけましょう。

1～1歳半の歯の様子

前歯が生え揃い、1歳半になる頃には第一臼歯(奥歯のひとつ)が生え始めます。この時期の子どもは、前歯でかじり取って、歯ぐきですりつぶすように食べています。しっかり噛みつぶすことはできないので、料理も指でつぶせるほどのやわらかさが目安です。

ステップ2

1歳半〜2歳

大人がフォローをしながら自分で食べたい気持ちを見守って

1歳半にもなると、運動能力が発達して、歩き方も安定してきます。まわりへの関心も高まって、動くことが楽しくなってくる頃です。

食事をしていると思ったら、すぐにほかのことに関心がいってしまうのもよくあることです。食べ物で遊んだり、お皿をひっくり返したりすることも、子どもが好奇心を持った結果。割れない食器を用意したり、撥水《はっすい》カーペットをしいたりして、多少の冒険はやらせてあげましょう。

2歳近くになれば、自分でスプーンやフォークが使えるようになります。また奥歯が発達する時期なので、肉や野菜も噛みつぶせるようになります。多少かたさのあるものや、繊維質のものも与え始めましょう。

しかし、大人のフォローなしできれいに食べられるのはまだ先です。汚れるからと全部食べさせてあげるのではなく、自分でやってみるという体験をさせてあげてください。もし食べ物を口につめ込んでしまったり、ものを多く入れて吐き出すことが続くようなら、食材の形や調理法を変えてみましょう。

「いただきます」をいって食事と遊びの区切りをつける

好き嫌いがはっきりしてくるのも、この頃です。遊び食べも出てくるので、食事と遊びの区切りをなるべくはっきりつけるようにしましょう。

「いただきます」といった言葉がいえなくても、大人がいえば自然と身についてきます。テレビを見ながらごはんを食べたり、おもちゃで遊んでいるところに大人がスプーンを運ぶようなことはやめましょう。

大人が振り回されないように癇癪《かんしゃく》とおおらかにつき合う

2歳前後は「イヤイヤ期」といわれ、とにかく何をしても嫌がることが多い時期です。3歳を過ぎる頃から「我慢」を少しずつ覚えてきます。心が落ち着くまで、あたたかく見守ってあげてください。

何かのきっかけで食事に気分がのらなくなったら、無理に続きを食べさせずに中断してもかまいません。せっかく作った料理を食べてくれないと、大人はがっかりするかもしれませんが、食事量にムラが多いのはこの時期の特徴。3歳の終わり頃にはほぼ安定してきます。

食べないことが続くのはよくないですが、一度食べなくても、次の食事で普段の量を食べれば問題ありません。1回の食事を食べないことに神経質になるのではなく、1日の全体量で考えるようにしましょう。

1歳半～2歳の特徴

動きが活発になる

手や指先の機能がほぼ完成して、スプーンですくって食べられるようになります。じっとしていないので、目が離せません。足がO脚からほぼまっすぐになり、しっかりした足取りで歩けるようになります。

好奇心が旺盛になる

視力は0.4ぐらい、聴力は小さな音や音の高低が聞き取れるようになります。世界が広がって好奇心が旺盛になり、なんにでも手を出しては投げ出し、新しいことを見つけては、それに向かっていきます。

自己主張が激しくなる

自分で服や靴を脱ぎたがるなど、やりたい気持ちが強くなります。思い通りにできなかったり、先に大人がやってしまったりすることで、癇癪《かんしゃく》を起こすことも。上手に食べられないときでも、ゆっくりと見守ってあげましょう。

咀嚼力がついてくる

離乳して3食からしっかり栄養を摂るようになり、噛む力がついてきます。繊維をちぎるような葉ものや、一枚ものの肉は噛めないこともありますが、やわらかいものばかりだと噛む力が発達しません。だんだん噛み応えのあるものを取り入れていきましょう。

1歳半～2歳の歯の様子

第1臼歯が生え揃い、次に乳犬歯が、2歳半頃になると最後の第2臼歯(一番奥の歯)も生えてきます。奥歯ができるので、ものを噛みつぶすことができるようになりますが、何度もあごを上下させて噛み砕いていくことは、まだ上手ではありません。

ステップ 3

3〜5歳

自分の食事スタイルを確立 マナーもしっかり教えて

3歳を過ぎると、台から飛び降りたり、ものを投げたりと、体全体を使った動きが増え、指先の動きもスムーズになってきます。またボキャブラリーが増え、少しずつ気持ちを表現できるようになります。お箸の使い方や食卓のマナーは、この時期にきちんと身につけるようにしましょう。

食事はだいぶ大人に近くなり、幼児食の総仕上げになります。いままで食べることができなかった、弾力のある食材、少し辛さのある食材にも挑戦してみましょう。食材のかたさや大きさによって噛み分ける、ということもできてくるので、さまざまな料理に触れ、食の体験をさせてください。

この頃は、食べ方、好み、食べる時間などの食事スタイルがかたまってくるときでもあります。嫌いなものは食べないから出さないのではなく、「嫌い」という気持ちを受け止めつつ、形を変えてみる、ひとくちだけ食べるよう励ますといった方法で試してみてください。3、4歳を過ぎれば「嫌なことでもがんばって、褒めてもらいたい」という感情が出てきます。少しでも食べることができたら、「○○が食べられるようになったね！」と褒めて自信をつけてあげましょう。

家族でサポートして 生活のリズムを整えて

料理のお手伝いも、食材に興味を持つ第一歩です。まずは楽しみながら始めるといいでしょう。

また、幼稚園などの集団生活が始まる子も多く、生活にリズムがつき始めます。3食＋おやつの時間や就寝時間を決め、規則正しい生活を心がけましょう。特にお休み中は、両親の都合に合わせるために、起床時間がずれたり、おやつの量が多くなったりしがち。家族一緒に、子どもの生活をサポートしてあげてください。

幼児期独特の情緒変動に つき合いながら理解を

この頃は、肉体的にも精神的にも大きく発達します。けれども、集団生活が始まったり、トイレトレーニングの時期と重なったり、弟妹が生まれたりして、情緒不安定になりがちな時期でもあります。子どもとしても「一人でがんばりたい気持ち」と「甘えたい気持ち」が錯綜します。膝の上で食べたがったり、急に食べさせてもらいたがったりしても、一時的ならつき合ってあげましょう。自分で気持ちに整理がつけば、そのうち恥ずかしさが芽生えて、少しずつやめていくものです。

3〜5歳の特徴

運動機能がアップ

スキップをする、跳びはねる、でんぐり返しをするなどの運動能力が高くなります。身のまわりのことが自分でできるようになり、4〜5歳頃からは、お箸を使ってこぼさずしっかり噛んで食べられるようになってきます。

環境の変化に影響を受ける

幼稚園に入園・進級するなど、環境の変化が激しいとき。それに伴って急にわがままになったり、偏食や小食になったりする子もいます。できることが多くなりますが、まだ甘えたい気持ちも強いので、感情の変化に注意して。

マナーが守れるようになる

生活に一定のリズムが出て、まわりが見えるようになってきます。大人の話も理解できるので、食事のマナーを教えていくようにしましょう。食事のときは姿勢をよくし、立ち歩かないことなどを繰り返し伝えることで理解していきます。

簡単なお手伝いができるようになる

手先が器用になり、食材を混ぜる、皮をむく、盛り付けをするといった簡単なお手伝いなら任せられるようになります。失敗することがあっても大目に見て。達成感を感じることができる年なので、ママの役に立って褒められたことは自信につながります。

3〜5歳の歯の様子

ほぼ乳歯は生え揃い、噛み合わせができます。20本全部の歯で噛み砕けるので、食べられるものも多くなります。ただし噛む力は大人に比べると弱いため、かたさや大きさは随時調節を。歯が増えた分、歯磨きも大切。磨き残しがないよう、チェックしましょう。

●健康な体を作るために

子どもに必要な栄養素

成長期の子どもはたくさんの栄養をバランスよく摂っていく必要があります。食卓に欠かせない栄養素の役割を知って、食事作りに役立てましょう。

5大栄養素をバランスよく摂ることが大切

子どもが健やかに成長していくためには、体を構築するための栄養素を多く摂取し、体を維持するのに必要な基礎代謝と、活動に欠かせないエネルギーを蓄えなければなりません。子どもの体は小さくても、これから大きく育つための栄養源が不可欠なのです。

栄養素は、働きによって主に5つに分類されます。主なエネルギー源になるのは、「炭水化物(糖質)」と「脂質」です。筋肉や臓器などの体を作るのは「たんぱく質」。そして体の生理機能を調節するのが「ビタミン」と「ミネラル」です。

この5大栄養素は、摂りすぎても不足してもよくありません。おかずがたんぱく質ばかりといった、一定の栄養素に偏らないよう、バランスよく食材を組み合わせてメニューを考えましょう。

子どもの体を構成し、エネルギーを作る

脂質

ひとくちに脂質といっても、動物性・植物性のさまざまな脂肪酸があります。糖質やたんぱく質の倍以上のカロリーがあり、多くは体内に蓄積されますが、細胞や血液やホルモンの生成にも関わっています。

多く含まれる食材

サラダ油・バター・マヨネーズ(食用油脂)、ナッツ類、豚脂・牛脂、乳製品(チーズ・バターなど)、菓子類

炭水化物

炭水化物は、糖質と食物繊維に分けられます。なかでも糖質は非常に大切なエネルギー源です。脳の働きを助けたり、免疫力をつけたりする働きがあります。ただし過剰摂取は肥満を招く恐れがあるので注意が必要です。

多く含まれる食材

ご飯、パン、うどん、パスタ、いも類、とうもろこし、砂糖

たんぱく質

体を作るために必要な栄養素で、筋肉や内臓、骨、皮膚、髪や爪などを構成している要素です。不足すると成長に遅れが出たり、免疫低下につながったりしますが、摂りすぎると腎臓に負担がかかるので注意しましょう。

たんぱく質は胃や腸で分解され、アミノ酸になりますが、体内でさらに合成されて再びたんぱく質になり、体中で働いています。動物性たんぱく質源には、良質のアミノ酸が多く含まれますが、カロリーの高いものが多いので、植物性の大豆類などを組み合わせて摂取することが必要です。

多く含まれる食材

肉類、魚介類、大豆製品(豆腐・納豆など)、卵、牛乳・乳製品(ヨーグルト・チーズなど)

体の機能を調整し、健康な体を保つ

ビタミン

ビタミンは、体内の代謝を調節し、生命を維持する働きを持つ有機化合物。必要量は少ないですが、体の中で作れないために、食べ物から摂らなければなりません。

水溶性ビタミンはビタミンB群・Cなど。一度にたくさん摂っても、不必要な分は排出されてしまうので毎日摂りましょう。脂溶性ビタミンは、ビタミンA・D・E・K。肝臓に蓄積されるので、過剰摂取は禁物です。幼児期に特に意識して摂りたいのは、ビタミンCとD。ビタミンCは血管や皮膚を守り、ビタミンDはカルシウムの吸収を助けます。

多く含まれる食材

ビタミンC
柑橘類などの果実、緑黄色野菜、いも類

ビタミンD
卵、魚介類、きのこ類

ミネラル

ミネラルは、体の中に存在する元素の中でわずか4%ほどを占める無機質の総称です。微量ながら、生命を維持するために欠かせない栄養素で、欠乏すると免疫力が低下したり、貧血や筋力の低下が見られます。

骨や歯を作るカルシウム、血液中で酸素を筋肉まで届ける鉄、たんぱく質を合成する亜鉛など、さまざまな種類があります。肉や調味料に入っている成分は、現代では欠乏することは少なく、むしろ過剰摂取が問題になります。しかし幼児があまり口にしたがらない野菜類、レバーなどに含まれる栄養素は、意識して摂るようにしたいものです。

多く含まれる食材

カルシウム
牛乳、乳製品、小魚、葉野菜、海藻類
▼**推奨摂取量**
1～2歳　男450mg・女400mg
3～5歳　男600mg・女550mg

鉄
肉類(特にレバー)、貝類、卵、豆類
▼**推奨摂取量**
1～2歳　男女4.5mg
3～5歳　男女5.5mg

亜鉛
ナッツ類、貝類(特に牡蠣)、うなぎ、豚レバー
▼**推奨摂取量**
1～2歳　男女3.0mg
3～5歳　男4.0mg・女3.0mg

マグネシウム
とうもろこし、豆類、ほうれん草などの葉野菜
▼**推奨摂取量**
1～2歳　男女70mg
3～5歳　男女100mg

カリウム
野菜、果物、いも類
▼**推奨摂取量**
1～2歳
男900mg・女800mg
3～5歳
男1100mg・女1000mg

リン
肉、魚、卵、牛乳
▼**推奨摂取量**
1～2歳　男女500mg
3～5歳　男女700mg

ナトリウム
食塩、みそ、しょうゆ、佃煮
▼**推奨摂取量**
1～2歳　男女3.0g未満
3～5歳　男女3.5g

※リンを摂りすぎるとマグネシウムやカルシウムの吸収が妨げられるといったバランスがあるので、推奨摂取量を参考に過不足なく摂るのがベスト。

厚生労働省「日本人の食事摂取基準(2020年版)」

●大切なのはバランス

献立作りのポイント

幼児食も、基本は大人と同じ一汁二菜です。難しく考えず、分量や摂取目安の基本が身につけば、自然と必要な栄養が摂れるようになるでしょう。

主菜・副菜・汁ものを基本に栄養バランスのとれた献立を

栄養バランスのよい食事は、幼児の健やかな成長には欠かせないもの。けれども、必要な栄養素を計算して、毎日の献立を作るのは大変です。そこで、和食の基本である「主食」のご飯類に、「主菜」「副菜」「汁もの」を揃えた献立を考えるようにしましょう。

エネルギーの主力となる炭水化物は、主食であるご飯やパンに含まれます。主菜はメインディッシュとなる肉や魚、卵、大豆類などで、主にたんぱく質や脂質が含まれます。副菜にはビタミンやミネラルが豊富な野菜を取り入れるようにします。汁ものは水分補給とともに、その日の献立で足りない要素を具材として補いましょう。不足しがちな野菜や海藻類を意識するとバランスがよくなります。

ただし毎日同じようなメニューでは飽きてしまうので、ときには主食と主菜を一緒にした丼ものを取り入れたり、野菜たっぷりのうどんやけんちん汁を作ってもいいでしょう。味付けも塩・しょうゆ・みそと変化をつけたり、揚げる・蒸すなど調理法を変えて、バラエティー豊かな食卓を心がけたいものです。

子どもの健康状態や季節に合わせて食卓に変化をつけて

献立は、子どもの健康状態やアレルギーについて観察しながら、臨機応変に変えていくことが重要です。体調が悪いときは、食べやすいものや胃にやさしいものを選ぶようにします。

旬の食材を使ったメニューや、行事に関連した特別メニューを取り入れていくのもいいでしょう。食事を通して季節を感じられ、食材について話をしていくことで、食を楽しむ心が生まれます。

●献立作りのプロセス●

主食をえらぶ

「ご飯」におかずを合わせるのか、「パン」に具をはさむのか、まずは炭水化物を多く含む食材を中心に献立を考えます。

主菜をえらぶ

肉類、魚介類、卵、大豆類など、たんぱく質を主とした食材を、メインのおかずにします。主食にのせる具材にしてもOK。

副菜をえらぶ

サイドメニューは、野菜をたっぷりと。主菜で摂れなかったビタミン、ミネラルを意識的に補充します。

汁ものをえらぶ

主食、主菜、副菜のメニューで足りない栄養素を具材に。きのこや海藻も、刻んで汁ものにすれば食べやすくなります。

基本の献立例と栄養

副菜 = ビタミン ミネラル

体のメンテナンスに役立つ

メインでないもう一品のおかずは、緑黄色野菜を中心としたサラダや和え物などに。ビタミンやミネラル、食物繊維が摂れる野菜やきのこ、海藻などを組み合わせて。

主菜 = たんぱく質 脂質

体の基礎を作り免疫力をアップさせる

肉や魚などのたんぱく質を主として、野菜や大豆製品と組み合わせるとさらにバランスがよくなります。炒め物や揚げ物など調理法によって脂質が増えるので、油脂の摂りすぎに注意。

ご飯 パン めん

主食 = 炭水化物

代謝の多い幼児期には欠かせないエネルギー源

子どもが活動するエネルギーとなる炭水化物が中心。パンやスパゲティは塩分や油脂が多いので、咀嚼の練習にもなるご飯を中心に、献立を考えて。混ぜご飯なども○。

みそ汁 スープ

汁もの = 水分 不足栄養分

足りない栄養素を補う具材選びを

水分を補給するとともに、ほかのメニューとバランスを見ながら、不足している野菜、豆類、海藻などを補給。温かいみそ汁やスープは、体温を上昇させる働きもあります。

●規則正しい生活の基本

しっかり食べよう朝ごはん

大人も慌ただしく追われる朝の時間。でも朝ごはんこそ、1日を支える大切なエネルギー源です。しっかり食べることで生活リズムも整います。

朝ごはんを食べないことは1日の活動全体に影響する

幼児は、大人と比べて睡眠をたっぷりとります。夜の間に消費されたエネルギーを取り戻し、1日の活動エネルギーを補充するのが朝ごはん。朝ごはんを食べることで体温が上がり、目覚めた体が活動的になれるのです。

ところが、朝ごはんを食べられない幼児が増えています。親の夜型のライフスタイルに左右され、夜更かしをして朝が起きられず、起きてもすぐにごはんを食べる気分になれないのです。

朝ごはんをきちんと食べることは、早寝早起きをすること、朝の排便の習慣がつくこと、脳を活性化して集中力が高まること、午前中から活発に動けるので生活リズムが整うことなどにつながります。1日を元気に過ごすためにも、朝ごはんはしっかり食べるようにしましょう。

忙しい朝だから手軽に栄養が摂れるメニューを

成長に必要な栄養をバランスよく摂るための1日3回の食事。朝ごはんは、そのうちのひとつです。朝は慌ただしいので、夜のうちにスープを作っておいたり、夕食の残り物をアレンジしたりして、脳のエネルギー源となる炭水化物を中心に、あまり手のかからないメニューを考えましょう。野菜を混ぜた卵焼きや、混ぜご飯のおにぎりなど、ちょっとした工夫で栄養を摂り入れることができます。できればご飯やパンに、おかずを1品、さらに野菜の入ったスープや汁ものがあるといいですね。

卵やウインナーなどの定番メニューは、たんぱく質が過剰になりがち。野菜ジュースは飲みやすくするために甘みが加えられているものが多く、野菜の代わりにはならないので注意しましょう。

ココに注意!

こんな朝ごはんに要注意

たんぱく質が多めだったり、おやつのような食事だったり。つい、出してしまうことはありませんか?

たんぱく質づくしのメニュー

パンとチーズ、ウインナーにヨーグルト……、子どもが喜ぶ定番の朝ごはんですが、これらはほとんどがたんぱく質。毎朝ではなく、ときどきは異なったメニューを。

糖質・脂質たっぷりのメニュー

忙しい朝は、すぐに食べられるものに頼りたくなりますが、おやつのようなメニューはNG。習慣になると、普通の食事を嫌がって食べなくなってしまうことも。

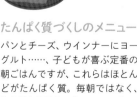

1日のタイムスケジュール例

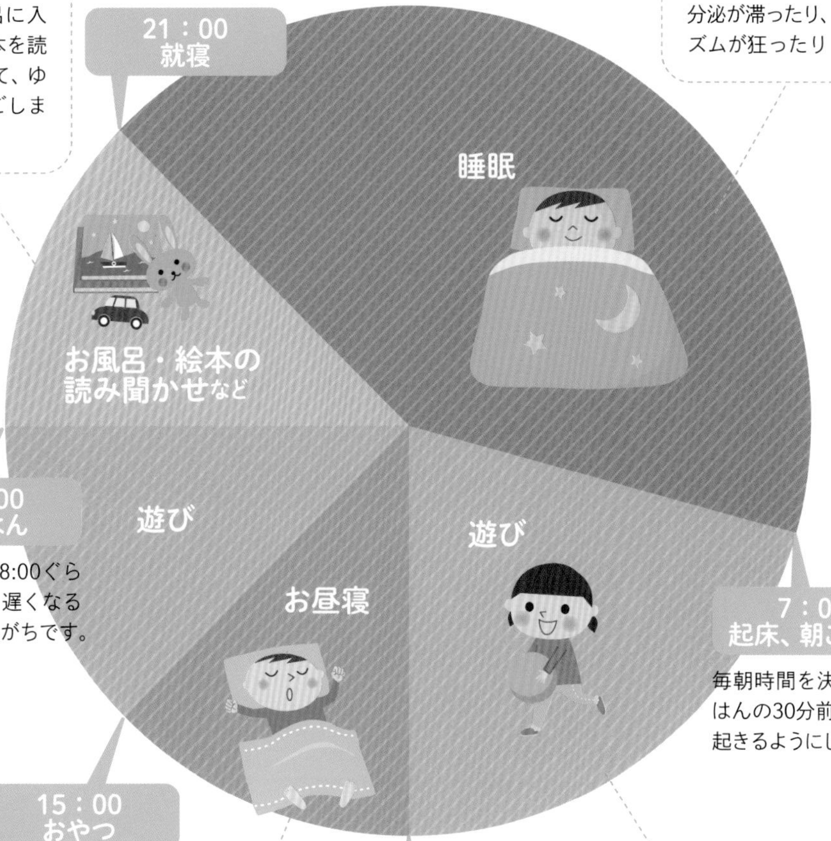

7：00 起床、朝ごはん

毎朝時間を決め、朝ごはんの30分前ぐらいに起きるようにしましょう。

早寝早起きの習慣を。夜型になると、ホルモン分泌が滞ったり、体内リズムが狂ったりします。

午前中は体を使った遊びでおなかをすかせましょう。１歳代は10時頃、軽いおやつにしても。

12：00 昼ごはん

午前の活動量が多いと、お昼もよく食べ、その後のお昼寝までがスムーズに。ぐずるたびにおやつをあげるのは×。

15：00 おやつ

３～５歳でも200kcal程度まで。与えすぎは、夕ごはんに影響します。夕ごはんまでの２～３時間をもたせる補助食です。

４歳ぐらいになると、お昼寝をしない子も出てきます。体力がついた証拠なので、なるべく発散させるような遊びを。

18：00 夕ごはん

夕ごはんは18:00ぐらいがベスト。遅くなると就寝も遅れがちです。

夕ごはんのあとは、お風呂に入ったり絵本を読んだりして、ゆったり過ごしましょう。

21：00 就寝

早起きして朝ごはんを食べるためにも、21:00には就寝を。早く寝かしつけるためには、灯りを消して睡眠モードを作ることも必要。

第4の食事と考えよう

幼児期のおやつの役割

子どものお楽しみの時間ですが、この時期のおやつは大人の「おやつ」とは違い、食事を補うものです。時間や量をきちんと決めて与えましょう。

おやつはお菓子でなく食事のひとつと考えて

子どもが1日に必要なエネルギーは、1歳で９００〜９５０ｋｃａｌ。まだ胃の機能が発達していないので、1日3回の食事では全部の栄養を摂り切れません。それを補うのがおやつです。そのため、お菓子を食べる時間というよりは、食事の延長線上で考えましょう。

幼児のおやつは、炭水化物を中心とした軽食のメニューが基本。おにぎりやふかしいも、おやきなどに、果物や乳製品などを組み合わせます。おにぎりにのりを巻いたり、ホットケーキににんじんのすりおろしを加えるなど、手作りすることで必要な栄養素が摂り入れやすくなります。

市販のスナックや菓子パンがいけないわけではありませんが、糖分や脂質、塩分が多く、大幅なカロリーオーバーになりがちです。たまのお楽しみ程度にしておきましょう。

だらだら食べるのでなく時間を決めて与える

2歳前後はぐずる回数が多いので、大人がカバンに入れたお菓子を、ことあるごとに与えている光景も見られます。ある程度は仕方ないのですが、これが習慣になるとやめるタイミングが難しいものです。おやつは15時頃など時間を決めてあげるようにし、食事と食事の間は最低2時間あけるようにしましょう。おなかがすく→きちんと食べる→思い切り遊ぶ→おなかがすくというサイクルを、小さいうちに体に覚えさせることが大事です。

3歳を過ぎたらぐっと運動量も増えます。エネルギー量に配慮しつつ、おやつに甘いものや多少カロリーのあるものを組み合わせてもいいでしょう。

●3食+おやつのカロリーバランス●

1日の必要摂取カロリーのなかで、おやつは10〜15%を目安に考えましょう。

1〜2歳

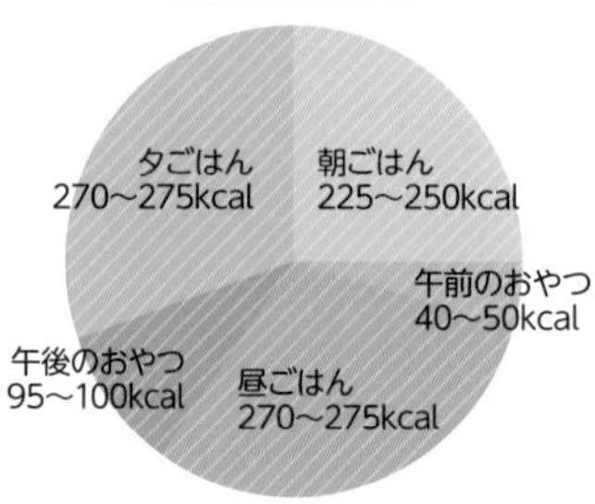

1日の摂取エネルギーの目安は、男の子で950kcal、女の子で900kcalです。おやつは2回に分けても。

3〜5歳

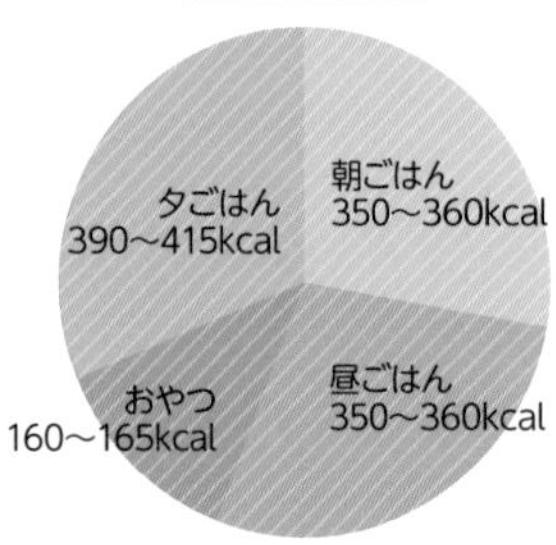

1日の摂取エネルギーの目安は、男の子で1300kcal、女の子で1250kcalです。食べすぎに注意しましょう。

おやつの与え方 3つのポイント

おやつは決まった時間に

おやつの時間は15時頃に一度、が原則です。だらだら食べると、肥満やむし歯の原因となります。1～2歳が午前中に補食する場合は、ごく軽いもので十分。

不足している栄養素を補う

一度に大量の食事が摂れない幼児は、1日に必要な栄養素を４回に分けます。朝昼晩の３回の食事で摂り切れない栄養を補うのがおやつ。第４の食事ともいわれます。

食べすぎないよう注意する

おやつはあくまで補食。１日の必要摂取量を大きく超えるカロリーオーバーに気をつけましょう。糖分、脂質が多いおやつは、夕ごはんにも影響します。

おすすめのおやつ

できるだけ、乳製品、いも類、ご飯、果物などを水分と組み合わせましょう。市販のお菓子はカロリーが高いので要注意。

3～5歳

おにぎり、お好み焼き、ホットドッグなど

運動量に応じて、腹もちのいいものを選びます。

1歳半～2歳

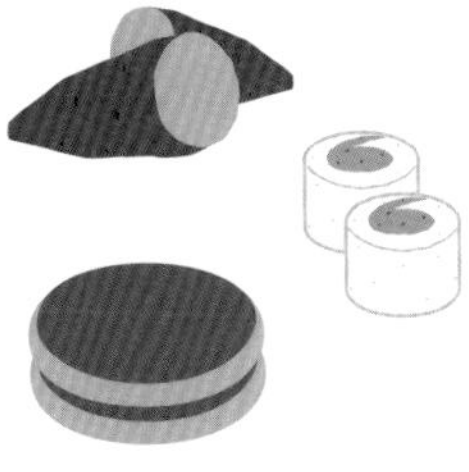

ふかしいも、サンドイッチ、ホットケーキなど

エネルギーになるものを徐々に増やしていきます。

1～1歳半

バナナ、ヨーグルト、蒸しパンなど

口の中ですりつぶしやすいものを選びます。

column

幼児食の調理の基本

食材を小さく切ったり、やわらかく煮たり、幼児食にはひと工夫が必要です。
実際に作る前に、調理の基本をおさらいしましょう。

基本1 はじめはしっかり材料を計量しましょう

味が濃くなったり分量が多くなりすぎたりしないよう、分量はきちんと量ります。

はかりを使う

器をのせてから、目盛りをゼロにして量れるデジタルスケールが主流。水平な場所で計測を。

大さじ1

小さじ1

大さじと小さじの量を知る

大さじ1は15mL(15cc)、小さじ1は5mL(5cc)。粉末の場合はすりきり、液体の場合はぎりぎりこぼれない(表面張力で)量を量るように。

計量スプーンで量る

普段は目分量で調理することが多い人も、計量スプーンで計測するよう習慣づけて。

基本2 調理道具を揃えましょう

幼児食では、形やかたさも大事な要素。道具がきちんと揃うと調理もはかどります。

基本の調理道具

- 包丁
- まな板
- ボウル
- ざる
- 鍋
- フライパン
- フライパンの蓋
- さいばし
- 木べら

ピーラー(皮むき器)

あると便利 1

食材をスライスして噛みやすいかたさに。

キッチン用ハサミ

あると便利 2

材料を小さくしたり、めんを切るのに便利。

おろし器

あると便利 3

じゃがいもや大根をすりおろすときに使用。

竹串

あると便利 4

材料がやわらかくなっているか確認するときに。

基本3 火加減・水加減を覚えましょう

正しい火加減、水加減を覚えれば、料理をおいしく仕上げることができます。

水加減

ひたひたの水

材料の頭が少し水から見える状態。

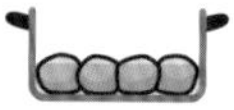

かぶるくらいの水

材料が水の表面ギリギリくらいにある状態。

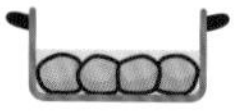

たっぷりの水

材料が完全に水にひたり、水の中で泳いでいる状態。

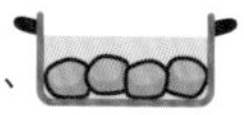

火加減

強火

炎が鍋底からはみ出すかはみ出さないかギリギリの状態。

中火

炎の先が鍋底にあたっている状態。

弱火

炎が鍋底に触れない状態。

Part 2

毎日おいしい！
栄養満点のラクラク献立

献立の基本は主食、主菜、副菜、汁ものを
揃えた一汁二菜。
おやつは不足している栄養素を補う、
幼児期には大切な第4の食事です。

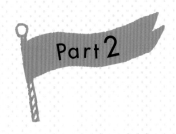

●離乳食をそろそろ卒業

1～1歳半の幼児食

1歳のうちは、まだやわらかい料理がメイン。それでも、自分で食べることに関心が出てきて手でつかむことや前歯で噛むことを覚えます。食べやすい形で出してあげましょう。

やわらかいだけでなく つかみやすさ、噛みやすさも考慮

離乳食に慣れ、前歯が生えてきてモグモグできるようになったら、幼児食のはじまりです。肉だんごくらいのかたさを、前歯でかじり取り、歯ぐきで噛みつぶすことができるようになればOK。やわらかくした食材から試していきます。食べ方には個人差があるので、栄養バランスに神経質になるより、食べたがるか、また、食べられるかをよく観察して。

手で食べ物をつかむようになったら、3食のうち1食は手づかみで食べられるサイズに調整してあげましょう。手でつかんだり、前歯で噛み切ることで、かたさや大きさ、ひとくちで食べられる量、味などを自分なりに確かめていきます。食べるときは丸のみしたり、のどにつまらせたりしないよう注意しながら、様子を見てメニューに変化をつけましょう。

調理のコツ

1 食材は小さく切る

まだ上手に噛むことが難しいので、5㎜角くらいのサイズに小さく切ります。ブロッコリーの花穂部分なら4つ割りに、肉はひいたものを使うなどして、噛みやすくしましょう。指でつぶせるくらいのやわらかさが目安です。

2 手づかみで食べられるメニューを

おにぎりは手にすっぽり入る大きさにする、野菜はスティック状にするなどして、子どもが手でつかめるサイズにします。まだスプーンはうまく使えないため、すぐ手でつかんで口に入れられるものの方が食も進みます。

3 とろみをつけて食べやすく

食材にとろみをつけることで、のどごしがよくなって食べやすくなります。片栗粉やくず粉のほか、ふりかけるだけのとろみ調味料も便利です。煮物や汁もの、豆腐のあんかけなどに使ってみましょう。

1日の食品の目安量

摂取エネルギーの目安　男の子950kcal　女の子900kcal

主食

めん

パン

ご飯

軟飯からやわらかめのご飯

主食は1日
200〜300ｇほど
（ご飯子ども用茶わん1杯
＋食パン8枚切り1枚＋ゆ
でうどん1/2玉）

主菜

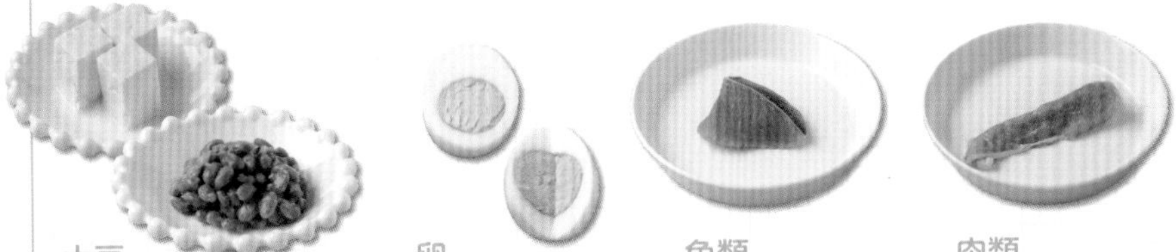

大豆
30g（豆腐50〜55g、または納豆大さじ１と1/2）

卵
25〜30g
（Mサイズ1/2〜2/3個）

魚類
15〜20g
（切り身1/4切れ）

肉類
15〜20g
（薄切り肉1枚）

副菜

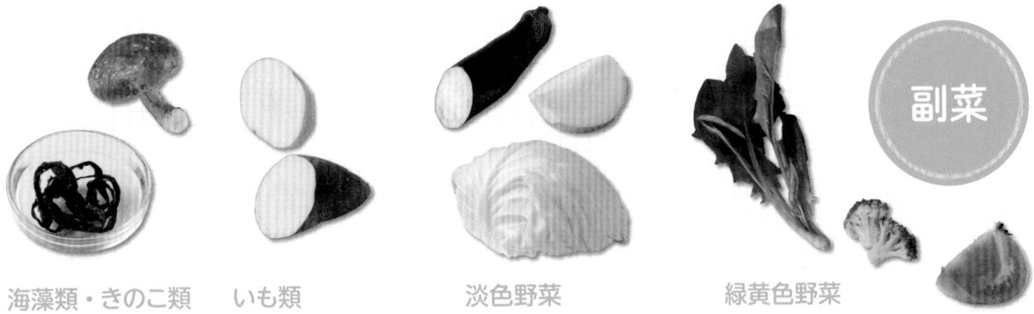

海藻類・きのこ類
少々（乾燥わかめ1〜2g＋しいたけ小1枚）

いも類
50g（じゃがいも1/3個、またはさつまいも1/6本）

淡色野菜
60g（キャベツ1枚＋玉ねぎ中1/3個＋なす2/3個）

緑黄色野菜
40g（ほうれん草1株強＋トマト大1/5個＋ブロッコリー2房）

乳製品・果物

乳製品
400g（牛乳コップ1と1/2杯＋6ピースチーズ1個(20g)＋ヨーグルト小1個）

果物
100〜150g（りんご1/6個＋みかん1/2個＋バナナ1/2本）

※子どもが食べる量は個人差があるので、目安として考えてください。

●食事から栄養とエネルギーを補給

1～1歳半 1日の献立例

離乳食も完了期になり、いろいろな食材が食べられる時期。3食＋おやつで、しっかり栄養とエネルギーを摂るようにしましょう。

朝ごはん

魚はやわらかく煮て食べやすく

朝は唾液が出にくいため、たくさん噛まなくてはいけないメニューは不向きです。主菜の魚はやわらかく煮て、野菜も汁ものに入れるなどして、水分と一緒に摂れるよう工夫しましょう。果物を添えてもOKです。

昼ごはん

手軽に作れるメニューでバランスよく

簡単にすませたい昼ごはんは、家にあるものでパパッと作れるものを。かぼちゃのグラッセは、作り置きができるのでおすすめです。ロールパンは、子どもが食べやすい大きさに切って出しましょう。

夕ごはん

主食、主菜、副菜の入った栄養満点の献立

主食、主菜、副菜を揃えて、炭水化物、たんぱく質、脂質、ミネラル、ビタミンがバランスよく摂れる献立に。子どもは大人より長時間眠るので、油を使った料理を入れて、腹もちをよくすることも大切です。

おやつ

エネルギー源となる炭水化物を中心に

おやつは第４の食事と考えて、エネルギー源となる炭水化物を中心としたメニューにしましょう。いつもの食事で食べているご飯やパン、めんなどの炭水化物をアレンジしたものがおすすめです。水分補給も忘れずに。

1〜1歳半

主食レシピ(ご飯)

離乳食が完了するこの時期は、噛む力はまだ不十分です。
ご飯は、やわらかい軟飯※を用意して。
※ご飯70gに水1/4カップを入れ、ふんわりラップをして電子レンジで2分半ほど加熱し、5分ほど蒸らしたもの。

プチプチした食感も楽しむ

たらこチャーハン

【材料(1人分)】

軟飯	90g
たらこ	5g
だし汁	大さじ1
サラダ油	小さじ1/2
青のり	小さじ1/4

【作り方】

1. たらこは薄皮を取る。
2. 1をだし汁でのばし、サラダ油を加えて混ぜ合わせたら、鍋に入れて、たらこに火が通るまで煮る。
3. 2と青のりを軟飯に加えて混ぜる。

具とご飯を一緒に炒めると水分が飛んでしまうので、炒めた具を軟飯と混ぜて。

ひじきを入れてミネラル補給

ひじきの混ぜご飯

【材料(1人分)】

軟飯	90g
ひじき(乾)	小さじ1/4
にんじん	5g
A だし汁	1/4カップ
A しょうゆ・砂糖	各小さじ1/5

【作り方】

1. ひじきは水で戻して細かく刻み、にんじんはみじん切りにする。
2. 鍋にA、1を入れて蒸し煮にし、汁気がなくなるまで煮る。
3. 2を軟飯に加えて混ぜる。

軟飯を鍋で作るときは、ご飯60g、水1/4カップを入れて中火にかけ、沸騰したら鍋の蓋をずらして弱火で4〜5分ほど煮て。火を止めて4〜5分ほど蒸らします。

見た目も涼しげなお寿司

しらすの混ぜ寿司

しらす干しは塩分が多いので、熱湯でゆでたり湯通ししたりして、塩抜きしましょう。

【材料(1人分)】

軟飯		90g
しらす干し		5g
きゅうり		1/3本
A	砂糖	小さじ1/8
	塩	少々
	りんご酢	大さじ1/2
	水	小さじ1
白すりごま		少々

【作り方】

1. しらす干しは熱湯でゆでてざるにあげる。きゅうりは皮をむいて小口切りにし、塩もみして水洗いする。
2. 耐熱容器に混ぜ合わせたAを入れ、電子レンジで20秒加熱する。
3. 2に1を加え、軽く混ぜ合わせたら軟飯に加え混ぜて器に盛り、ごまをふる。

彩りもきれいなおにぎりで食欲アップ

炒り卵の三角おにぎり

【材料(1人分)】

軟飯	90g
いんげん	1本
溶き卵	1/4個分
サラダ油	少々
しょうゆ	少々

【作り方】

1. いんげんは筋を取り除いてやわらかくゆで、小口切りにする。
2. フライパンにサラダ油を熱し、1、卵、しょうゆを入れて、混ぜながら炒める。
3. 2を軟飯に加え、混ぜて2等分し、三角に成形する。

いんげんの筋は噛み切りにくいので、しっかり取り除きましょう。

ほんのりカレー風味が食欲をそそる

カレーピラフ

【材料(1人分)】

軟飯		90g
ほうれん草		5g
鶏ひき肉		15g
サラダ油		小さじ1/2
A	カレー粉	少々
	野菜スープ	大さじ2
塩		少々

【作り方】

1. ほうれん草はサッとゆでて水にさらし、水気を切って細かく刻む。
2. フライパンにサラダ油を熱し、鶏肉をポロポロになるまで炒め、A、1を加え、サッと炒め煮にする。
3. 2を軟飯に加え、塩で味をととのえる。

カレー粉は分量に注意。色がつくほど入れるのではなく、風味付け程度であれば辛くありません。

1~1歳半

主食レシピ（めん・パン）

まだ長いめんをすすることはできません。
めんは短く切り、パンは食べやすい大きさにして出すようにしましょう。

ツナの塩味でしっかり味付け

トマトとツナのスパゲティ

【材料（1人分）】

スパゲティ（乾）……20g
ミニトマト……2個
ピーマン・玉ねぎ……各10g
ツナ（水煮缶）……20g
オリーブ油……小さじ1/2
水……大さじ2
ケチャップ……小さじ1/2

【作り方】

1. スパゲティはやわらかく塩ゆでして1~2cm長さに切る。ミニトマトは湯むきして種を取って刻み、ピーマンはゆでてみじん切り、玉ねぎはみじん切りにする。
2. フライパンにオリーブ油を熱し、ピーマン、玉ねぎを炒め、ミニトマト、水気を切ったツナ、水を加え、蓋をしてやわらかくなるまで煮る。
3. 2にケチャップを加えてなじんだら、スパゲティを加えて和える。

食べやすい大きさにカット

ロールパンサンド

【材料（1人分）】

ロールパン……1個
スライスチーズ……1/2枚
いちごジャム……大さじ1/2

【作り方】

1. ロールパンは4等分の輪切りにし、切れ目を入れる。
2. パンの切れ目にチーズ、ジャムをそれぞれはさむ。

パンは持ちやすいように、ひとくち大に切ってあげましょう。

納豆のネバネバでのどごしアップ

納豆スパゲティ

【材料(1人分)】

スパゲティ(乾)	20g
ブロッコリー	30g
ひき割り納豆	20g
だし汁	大さじ2
オリーブ油	小さじ1/5
しょうゆ	小さじ1/5
刻みのり	少々

具材はすべて細かく刻み、納豆と和えることでのどごしもよくなります。

【作り方】

1. スパゲティはやわらかく塩ゆでして1〜2cm長さに切る。ブロッコリーはゆでて細かく刻む。

2. ボウルに納豆、ブロッコリー、だし汁、オリーブ油、しょうゆを入れて混ぜ合わせ、スパゲティを加えて和える。

3. 2を器に盛り、のりをふる。

具だくさんで栄養満点

焼きうどん

【材料(1人分)】

うどん(ゆで)	80g
豚薄切り肉	20g
桜えび	ひとつまみ
キャベツ	10g
長ねぎ	5g
サラダ油	小さじ1/2
だし汁	大さじ1
しょうゆ	少々

【作り方】

1. うどんは2cm長さに切る。豚肉は繊維を断つよう細切り、桜えびはぬるま湯大さじ1（分量外）で戻して細かく刻む(戻し汁は取っておく)。キャベツはゆでて粗みじん切り、ねぎはみじん切りにする。

2. フライパンにサラダ油を熱し、豚肉、桜えび、キャベツ、ねぎを加えて炒める。

3. 肉の色が変わったら、だし汁、桜えびの戻し汁、しょうゆを加え、なじんだらうどんを加えて炒める。

あんでとろみをつけて食べやすく

白菜のあんかけにゅうめん

【材料(1人分)】

そうめん(乾)	30g
牛薄切り肉	10g
片栗粉	少々
白菜	30g
だし汁	1/3カップ
しょうゆ	少々

あんでとろみをつけることでのどごしがよくなり、食べやすくなります。

【作り方】

1. そうめんはゆでて水洗いし、2cm長さに切る。牛肉は繊維を断つように細く切り、片栗粉をまぶす。白菜は1cm角に切る。

2. 鍋にだし汁、白菜を入れて煮る。やわらかくなったら牛肉を加えて火を通し、しょうゆで味をととのえる。

3. そうめんを器に盛り、2をかける。

1～1歳半

主菜レシピ（肉類）

噛むのにある程度の力が必要な肉は、
片栗粉をまぶしたり小さく切ったりして、食べやすくなるようひと手間加えます。

パサパサするささみもフライにしてジューシーに

鶏ささみのフライ

【材料（1人分）】

鶏ささみ……20g
パン粉……適量
小麦粉……小さじ1
水……小さじ1
揚げ油……適量
ケチャップ……少々

ささみはたたいて繊維をやわらかくしてから調理しましょう。

【作り方】

1. ささみは筋を取り除き、包丁の背でたたいて繊維をやわらかくし、そぎ切りにする。パン粉は細かくする。
2. 小麦粉を水で溶いたものにささみをくぐらせ、パン粉をまぶし、フライパンで少なめの揚げ油で揚げ焼きにする。
3. **2**を器に盛り、ケチャップを添える。

定番の家庭料理

肉じゃが

【材料（1人分）】

牛薄切り肉……20g
片栗粉……少々
じゃがいも……30g
玉ねぎ……10g
だし汁……1/2カップ
グリーンピース（缶詰）……小さじ1
砂糖・しょうゆ……各小さじ1/3

【作り方】

1. 牛肉は1～1.5cm長さの細切りにして片栗粉をまぶす。じゃがいもは1.5～2cm角に切り、玉ねぎは繊維を断つように薄切りにする。
2. 鍋にだし汁、じゃがいも、玉ねぎを入れて、蓋をしてやわらかくなるまで煮る。
3. **2**に牛肉を加え、火が通ったら、グリーンピースを加えてサッと混ぜ、砂糖を加え、なじんだらしょうゆで味をととのえる。

れんこんを入れてもちっとした食感に

チキンハンバーグ

【材料(1人分)】

- れんこん……30g
- 鶏ひき肉……20g
- しょうが汁……少々
- 片栗粉……小さじ1
- サラダ油……少々
- A
  - だし汁……大さじ1と1/2
  - しょうゆ・ケチャップ……各少々
  - 片栗粉……少々

【作り方】

1. れんこんはすりおろし、水気を切る。
2. 鶏肉に1、しょうが汁、片栗粉を加えてよく混ぜ、3等分して小判形に成形する。
3. フライパンにサラダ油を熱し、2の両面を焼いて、混ぜ合わせたAを加える。蓋をして蒸し煮にし、中まで火を通して煮汁をからめる。

場合によっては、小さく切って食べやすくしてあげましょう。

ツルッとした口当たり

豚肉のくずたたき風

【材料(1人分)】

- 豚薄切り肉……20g
- 片栗粉……少々
- A
  - 白すりごま……小さじ1
  - マヨネーズ……小さじ1/2
  - しょうゆ……少々
  - だし汁……小さじ2
  - 青のり……小さじ1/4

【作り方】

1. 豚肉は繊維を断つように細切りにし、片栗粉をまぶす。
2. 1を沸騰した湯でゆでてざるにあげ、冷ます。
3. 2を器に盛り、混ぜ合わせたAをかける。

豚薄切り肉はそのままゆでるのではなく、片栗粉をまぶすことで噛み切りやすくなります。

手づかみ食べにピッタリ

水ぎょうざ

【材料(1人分)】

- ぎょうざの皮……3枚
- ほうれん草……10g
- 豚ひき肉……20g
- 片栗粉・ごま油・しょうゆ……各少々

【作り方】

1. ほうれん草はサッとゆでて水にさらし、水気を切って細かく刻む。
2. 豚肉、1を混ぜ合わせ、片栗粉、ごま油、しょうゆを加えてさらに混ぜる。
3. 2を3等分してぎょうざの皮で包み、沸騰した湯に入れ、浮いてきたらざるにあげて器に盛る。

ぎょうざの具は、にんじんやしいたけなど何でもOK。小さく刻んで入れましょう。

1～1歳半

★主菜レシピ 肉類

1〜1歳半

主菜レシピ(魚類)

身のやわらかい魚は口当たりがよく、この時期にはぴったり。
煮る、焼く、揚げるなど、さまざまな方法で調理しましょう。

煮汁までおいしく食べられる

かれいのおろしあんかけ

【材料(1人分)】

	かれい(切り身)	20g
	大根	15g
	だし汁	1/4カップ
A	しょうゆ	小さじ1/6
A	砂糖	少々
	水溶き片栗粉	少々

【作り方】

1. かれいはそぎ切りにする。大根はすりおろしておく。
2. 鍋にだし汁、大根、Aを入れて煮立てたら、かれいを加え、サッと煮て取り出し、器に盛る。
3. 残りの煮汁に水溶き片栗粉を加えてとろみをつけ、2にかける。

そのままでは辛い大根おろしも、煮ると辛みが取れて食べられるようになります。

香ばしいごまみそがポイント

あじのごま焼き

【材料(1人分)】

	あじ(三枚おろし)	20g
A	みそ	小さじ1/5
A	白すりごま	小さじ1/3
A	水	少々

【作り方】

1. あじはそぎ切りにする。
2. 1に混ぜ合わせたAを塗ってトースターで3〜4分焼く。

ごまみそを塗って焼くことで、魚くささが取れて食べやすくなります。

香ばしいしょうゆのにおいがたまらない

まぐろの竜田揚げ

【材料（1人分）】

まぐろ（刺し身用）……20g

A しょうゆ・水……各小さじ1/2

A しょうが汁……少々

片栗粉……適量

揚げ油……適量

【作り方】

1. まぐろはひとくち大に切る。
2. 1にAをなじませ、片栗粉をまぶし、少なめの揚げ油で揚げ焼きにする。

揚げ油は少なめに。揚げ焼きにして、油っぽくならないように仕上げましょう。

煮ることで、さらにやわらかく

さけのやわらか煮

【材料（1人分）】

生ざけ（切り身）……20g

だし汁……1/2カップ

しょうゆ……小さじ1/3

砂糖……少々

【作り方】

1. さけは皮と骨を取り除き、食べやすい大きさに切る。
2. 鍋にだし汁、しょうゆ、砂糖を入れて煮立て、1を加えて火が通るまで煮る。

煮魚にするときも、魚の皮と骨をしっかり取り除いてから調理を。

トースターで簡単にできる

白身魚のホイル焼き

【材料（1人分）】

白身魚（ひらめ、たい、たらなどの切り身）……20g

A しょうゆ……小さじ1/3

A 水……小さじ2

ブロッコリー……10g

サラダ油……少々

【作り方】

1. 白身魚はAに5分ほど漬けておく。ブロッコリーはゆでて、食べやすい大きさに切る。
2. アルミホイルにサラダ油を塗り、1をのせて口を閉じ、トースターで10分ほど焼く。

白身魚は先に調味料に漬けて、しっかり味付けをしておきましょう。

1〜1歳半

★主菜レシピ　魚類

1〜1歳半

豆腐・卵のレシピ

豆腐や卵は立派なたんぱく質源です。
野菜を加えて調理すれば、栄養満点の一品になります。

ケチャップを入れて子どもが大好きな味付けに

ベビー麻婆豆腐

【材料(1人分)】

絹ごし豆腐……30g
豚ひき肉……大さじ1
長ねぎのみじん切り……小さじ1
ごま油……少々
A
野菜スープ……1/4カップ
みそ……小さじ1/4
ケチャップ……小さじ1/3
しょうゆ……少々
水溶き片栗粉……少々

【作り方】

1. 豆腐はさいの目に切る。
2. フライパンにごま油を熱し、豚肉、ねぎを入れてよく炒め、Aを加える。
3. 2が煮立ったら1を加え、ひと煮したら、水溶き片栗粉でとろみをつける。

豆板醤をプラスすれば、大人用の麻婆豆腐になります。

鶏ひき肉を入れてコクをプラス

豆腐の蒲焼き風

【材料(1人分)】

絹ごし豆腐……10g
鶏ひき肉……15g
塩……少々
片栗粉……小さじ1
サラダ油……少々
A
しょうゆ・みりん……各小さじ1/4
だし汁……小さじ1

【作り方】

1. ボウルに豆腐、鶏肉、塩、片栗粉を入れて混ぜ合わせ、薄い四角形に成形する。
2. フライパンにサラダ油を熱し、1を焼き、混ぜ合わせたAを回し入れてからめる。

淡泊な豆腐を甘じょっぱいタレで味付けして、食べ応え十分なおかずに。

しらすでカルシウムをプラス

しらす入り卵焼き

【材料(作りやすい分量・2人分)】

- 卵……1個
- しらす干し……小さじ2
- だし汁……小さじ1
- しょうゆ・砂糖……各少々
- サラダ油……少々

卵にだし汁を入れることで、少量のしょうゆや砂糖でもしっかり味がつきます。

【作り方】

1. しらす干しは熱湯でゆでて、粗みじん切りにする。
2. ボウルに卵を溶きほぐし、1、だし汁、しょうゆ、砂糖を加えて混ぜ合わせる。フライパンにサラダ油を熱し、卵液を流し入れて卵焼きを作る。

彩りも食感も楽しんで

スパニッシュオムレツ

【材料(作りやすい分量・4人分)】

- 卵……2個
- じゃがいも……1/2個
- パプリカ(赤)……1/4個
- 粉チーズ……大さじ1
- パセリのみじん切り……小さじ1
- オリーブ油……小さじ2

粉チーズを入れることでしっかり味が付き、そのままでもおいしく食べられます。

【作り方】

1. じゃがいもとパプリカは5㎜角に切ってゆでる。
2. ボウルに卵を溶きほぐし、オリーブ油以外の材料をすべて入れる。フライパンにオリーブ油を熱し、卵液を流し入れて半熟状にし、丸く形を整える。蓋をして4～5分蒸し焼きにする。
3. ひっくり返し、2分ほど焼く。

さっぱりした味わい

豆乳炒り卵

【材料(作りやすい分量・2人分)】

- 卵……1個
- 豆乳……大さじ1
- 青のり……小さじ1/4
- 塩……少々
- サラダ油……少々

豆乳を入れることで、ふんわりした仕上がりに。栄養価もアップします。

【作り方】

1. ボウルに卵を溶きほぐし、豆乳、青のり、塩を混ぜ合わせる。
2. フライパンにサラダ油を熱し、1を流し入れ、軽く炒る。

1〜1歳半

副菜レシピ

何かと不足しがちな野菜ですが、大切な栄養素がつまっています。
小さく切る、やわらかく煮るなどして、献立に取り入れましょう。

すりごまがアクセントに

小松菜の白和え

【材料(1人分)】

小松菜	20g
木綿豆腐	45g
だし汁	小さじ1
しょうゆ	少々
白すりごま	小さじ1/2

【作り方】

1. 小松菜はゆでて水にさらし、水気を切って刻む。
2. ボウルに水気を切った豆腐を入れてなめらかになるまですりつぶし、だし汁、しょうゆ、ごまを加えて混ぜ、1と和える。

豆腐は、ペーパータオルで包み、電子レンジで30秒〜1分ほど加熱すると、簡単に水切りができます。

野菜のうまみがたっぷり

なすのトマト煮

【材料(1人分)】

なす	1/2個
トマト	1/4個
オリーブ油	少々
野菜スープ	1/4カップ
ケチャップ	小さじ1/2

【作り方】

1. なすは皮をむき、トマトは皮を湯むきしてさいの目に切る。
2. フライパンにオリーブ油を熱し、なすを炒め、しんなりしたら、トマト、スープ、ケチャップを加えて煮る。

噛み切りにくいなすやトマトの皮は、むいて調理します。

バターでコクをプラス

かぶのミルク煮

【材料(1人分)】

かぶ……1/2個
水・牛乳……各1/5カップ
バター……小さじ1/4
塩……少々
粉チーズ……小さじ1/5

かぶは短い時間でやわらかく煮えるので、調理の時間短縮におすすめです。

【作り方】

1. かぶは1cm角に切り、葉の部分はゆでて細かく刻む。
2. 鍋に水、牛乳、かぶを入れて蓋をし、やわらかくなるまで煮て、かぶの葉を加え、ひと煮する。
3. 2にバターを加えて溶かし、なじませたら、塩を加えて味をととのえる。器に盛り、粉チーズをふる。

だしに浸して青くささを取る

アスパラガスのだし浸し

【材料(1人分)】

グリーンアスパラガス……1本
だし汁……1/5カップ
しょうゆ……少々
かつお節……少々

繊維の多いアスパラガスは斜め薄切りにして、噛み切ることができるよう工夫しましょう。

【作り方】

1. アスパラガスはやわらかくゆでて、斜め薄切りにする。
2. 鍋にだし汁、しょうゆを入れて温め、1を入れ、火からおろしてなじませる。器に盛り、かつお節をふる。

大根にツナのうまみをしみ込ませて

大根とツナの煮物

【材料(1人分)】

大根……30g
ツナ(水煮缶)……10g
だし汁……1/4カップ
みそ……小さじ1/4

ツナに塩分が含まれているので、みそは控えめに。

【作り方】

1. 大根は短冊切りにする。
2. 鍋に1、水気を切ったツナ、だし汁を入れ、蓋をしてやわらかくなるまで煮る。みそを加え、ひと煮する。

だしのうまみたっぷりの一品

キャベツとしらすの煮浸し

【材料(1人分)】

キャベツ……25g
しらす干し……5g
だし汁……1/2カップ
しょうゆ……少々

しらす干しは下ゆでして、塩分と生ぐささを取りましょう。

【作り方】

1. キャベツは1cm長さ、5mm幅に切る。しらす干しは熱湯でゆで、ざるにあげる。
2. 鍋にだし汁、1を入れ、蓋をしてキャベツがやわらかくなるまで煮て、しょうゆで味をととのえる。

ヨーグルト入りのさっぱりソース

ブロッコリーのミモザサラダ

【材料(1人分)】

ブロッコリー……30g
固めにゆでた卵……1/2個
A マヨネーズ・プレーンヨーグルト……各小さじ1/2

小さく刻んだ卵がかわいらしい、彩り豊かな一品です。

【作り方】

1. ブロッコリーはやわらかくゆでて、粗く刻む。ゆで卵は粗くつぶす。
2. 1にAを加えて和える。

ごま油で風味豊かに

白菜と桜えびの中華風煮

【材料(1人分)】

白菜……20g
桜えび……ひとつまみ
ごま油……少々
A 野菜スープ……1/5カップ
A しょうゆ……少々
水溶き片栗粉……少々

乾物である桜えびは、戻して使うと食べやすくなります。

【作り方】

1. 白菜は1cm角に切る。桜えびはぬるま湯大さじ1(分量外)で戻して粗く刻む。
2. フライパンにごま油を熱し、白菜をサッと炒め、A、桜えびを加えて煮て、水溶き片栗粉でとろみをつける。

カレーとバターの風味がたまらない

ほうれん草のカレーバター炒め

【材料(1人分)】

- ほうれん草……30g
- バター……小さじ1/4
- カレー粉……少々
- しょうゆ……少々

バターで炒めた後、しょうゆを加えてスパイシーさに香ばしさをプラスします。

【作り方】

1. ほうれん草はゆでて水にさらし、水気を切って1㎝長さに切る。
2. フライパンにバターを溶かし、カレー粉を入れ、なじんだら1を加えて炒め、しょうゆで味をととのえる。

かぼちゃの甘みにバターでコクをプラス

かぼちゃのグラッセ

【材料(1人分)】

- かぼちゃ……30g
- A
  - 水……1/4カップ
  - バター……小さじ1/2
  - 砂糖……小さじ1/2

かぼちゃはあらかじめラップで包み、電子レンジで30秒〜1分加熱すれば、時間短縮になります。

【作り方】

1. かぼちゃは1.5〜2㎝角に切る。
2. 鍋に1、Aを入れ、落とし蓋をしてかぼちゃがやわらかくなるまで煮る。

りんご酢を使ってまろやかな酸味に

きゅうりの甘酢漬け

【材料(1人分)】

- きゅうり……1/4本
- A
  - 砂糖……小さじ1/8
  - 塩……少々
  - りんご酢……大さじ1/2
  - 水……小さじ1

きゅうりは、噛み切りにくいようなら皮をむいて。噛む力がついてきたら、あえて皮を残して噛む練習をしましょう。

【作り方】

1. きゅうりは3㎝長さのスティック状に切る。
2. 1をサッとゆで、混ぜ合わせたAを加えてなじませる。

1～1歳半

汁ものレシピ

水分補給や、足りない栄養素を補うのに活用したい汁もの。
だしをしっかり取るなどして、薄味を心がけましょう。

短時間でできて簡単

かぶのかきたまスープ

【材料(1人分)】

かぶ……小1個
野菜スープ……1/2カップ
溶き卵……1/2個分
塩……少々

卵は、沸騰したスープに回し入れて、ふわっとした仕上がりに。

【作り方】

1. かぶは1cm角に切り、葉の部分はゆでて細かく刻む。
2. 鍋にスープ、かぶを入れ、蓋をして煮る。かぶがやわらかくなったら、かぶの葉を加える。
3. 2が再び煮立ったら塩で味をととのえ、卵を回し入れてふわっと仕上げる。

ひと皿で栄養満点

ミネストローネ

野菜スープの代わりに、通常の分量のコンソメスープを2倍に薄めたものでもOKです。

【材料(1人分)】

玉ねぎ……10g
にんじん……10g
トマト……30g
アスパラガス……5g
ハム……5g
オリーブ油……少々
野菜スープ……1/2カップ
塩……少々

【作り方】

1. 玉ねぎ、にんじんは1cm角に切る。トマトは皮を湯むきし、種を取り除いてさいの目に切る。ハムは1cm長さの細切りにする。アスパラガスは5mm角の薄切りにする。
2. 鍋にオリーブ油を熱し、1を炒めたら、蓋をして蒸し煮にする。
3. にんじんがやわらかくなったら、スープを加えてひと煮し、塩で味をととのえる。

モチモチ食感で食べ応え十分

すいとん

【材料(1人分)】

小松菜・大根・にんじん……各10g
だし汁……1カップ
小麦粉……10g
水……大さじ1/2
しょうゆ……少々

【作り方】

1. 小松菜、大根、にんじんは1cm角に切る。
2. 鍋にだし汁と1を入れて、大根、にんじんがやわらかくなるまで煮る。
3. 小麦粉に水を加え、練った生地を2に落とす。煮えて浮いてきたら、しょうゆで味をととのえる。

生地のかたさは噛む力によって調節を。水を多く入れれば、やわらかくなります。

具は小さく切って

ほうれん草とわかめのみそ汁

【材料(1人分)】

ほうれん草……20g
わかめ(乾)……少々
だし汁……1/2カップ
みそ……小さじ1/2

【作り方】

1. ほうれん草はゆでて水にさらし、水気を切って細かく刻む。わかめは水で戻して細かく刻む。
2. 鍋にだし汁を入れて温め、1を加えひと煮し、みそを溶き入れる。

みそを入れたら、香りが飛ばないよう、煮立つ直前に火を止めましょう。

コーンの甘みがうれしい

コーンクリームスープ

【材料(1人分)】

コーンクリーム(缶詰)……大さじ2〜3
牛乳……1/3カップ
塩……少々

【作り方】

1. 鍋にすべての材料を入れて混ぜ合わせ、温める。

コーンクリームの代わりに、ホールのコーンをフードプロセッサーやミキサーでクリーム状にしてもOKです。

1〜1歳半

おやつレシピ

第4の食事として摂りたいおやつ。脂質や糖分の多いお菓子ではなく、
普段食べているご飯・パンをアレンジしたものや、いも類などを。

シャキシャキした歯応え

にんじん入りホットケーキ

【材料(作りやすい分量・3人分)】

にんじんのすりおろし……大さじ1
レーズン……少々
小麦粉……20g
ベーキングパウダー……小さじ1/2
牛乳……1/4カップ
砂糖……小さじ1
サラダ油……少々

【作り方】

1. レーズンは刻んでおく。
2. ボウルに小麦粉、ベーキングパウダーをふるい、牛乳、砂糖、にんじんのすりおろし、1を入れて混ぜ合わせる。生地がかたければ牛乳適量(分量外)で調整する。
3. フライパンにサラダ油を熱し、2を丸く流し入れ、表面がプツプツしたら返し、両面を焼く。

にんじんはすりおろして入れれば、苦手な子どもも気にならずに食べられます。

電子レンジでチンするだけ

煮りんご

【材料(1人分)】

りんご……1/4個
バター……小さじ1/4
砂糖……小さじ1/2
水……小さじ1

【作り方】

1. りんごは皮をむいて薄いいちょう切りにする。
2. 耐熱容器にすべての材料を入れ、ラップで落とし蓋をしてから、容器全体にもふんわりラップをし、電子レンジで1分加熱し、そのまま蒸らす。

余った煮りんごは冷蔵庫で保存できます。その場合は、3〜4日を目安に食べ切りましょう。

なめらかな舌触り

かぼちゃのプリン

【材料（作りやすい分量・4個分、1人分の目安・1個）】

かぼちゃ……50g
卵……1個
牛乳……1/2カップ
砂糖……小さじ1〜2

蒸し器の代わりに電子レンジを使う場合は、ひとつずつラップをし、30秒加熱します。

【作り方】

1. かぼちゃはゆでて裏ごしし、なめらかにする。
2. ボウルに1、卵、牛乳、砂糖を入れて混ぜ合わせる。耐熱容器に入れ、蒸気の上がった蒸し器で15分ほど蒸す。

さつまいものやさしい甘さ

スイートポテト

【材料（作りやすい分量・9個分、1人分の目安・3個）】

さつまいも……100g
バター……小さじ1
砂糖……小さじ1〜2
牛乳……大さじ1

つぶしたさつまいもは、大人の親指くらいの大きさに成形すると、食べやすくなります。

【作り方】

1. さつまいもは皮をむき、ゆでてつぶす。
2. 1が熱いうちにバター、砂糖、牛乳を加えて混ぜ合わせる。9等分してひとくち大に成形して、トースターで軽く焦げ目がつくまで焼く。

簡単に作れるお手軽おやつ

マカロニきな粉

【材料（1人分）】

マカロニ（乾）……15g
きな粉・白すりごま……各小さじ1
砂糖……少々

きな粉を入れることで、たんぱく質も摂取できます。

【作り方】

1. マカロニはやわらかめにゆでて半分に切る。
2. きな粉、ごま、砂糖を混ぜ合わせたら、1を入れて全体にまぶす。

1〜1歳半

手づかみレシピ

自分で食べたいという気持ちが強くなる時期です。
手づかみで食べられるレシピを積極的に取り入れましょう。

主食　手のサイズに合わせて

ベビーお好み焼き

【材料(1人分)】

豚薄切り肉	15g
キャベツ	15g
にんじん	15g
小麦粉	10g
だし汁	大さじ1
サラダ油	少々

生地にだしが入っているので、そのままでもおいしく食べられます。

【作り方】

1. 豚肉は細かく刻む。キャベツはゆでて1cm長さの細切りにする。にんじんはすりおろす。
2. ボウルに1、小麦粉、だし汁を入れて混ぜ合わせる。
3. フライパンにサラダ油を熱し、2を丸く薄く広げて両面を焼き、食べやすく切る。

主菜　棒状に切ってつかみやすく

かじきのスティック

【材料(1人分)】

かじき(切り身)	30g
塩	少々
小麦粉	適量
サラダ油	少々

手づかみ料理を出す場合は、やけどしないよう注意しましょう。

【作り方】

1. かじきは棒状に切って塩をふり、小麦粉をまぶす。
2. フライパンにサラダ油を熱し、1をソテーする。

おやつ

ホクホク感がたまらない

スティックさつまいも

【材料(1人分)】

さつまいも……30g
揚げ油……適量

【作り方】

1. さつまいもはスティック状に切る。
2. 1を150℃の揚げ油で素揚げする。

さつまいもはホクホク感が残るよう、揚げすぎないよう気をつけて。

主菜

子どもが大好きな味を手作りで

手作りミニソーセージ

【材料(1人分)】

豚ひき肉……30g
牛乳……小さじ1弱
パン粉・溶き卵……各大さじ1/2
サラダ油……少々

【作り方】

1. 豚肉、牛乳、パン粉、卵を混ぜ合わせ、サラダ油を塗ったアルミホイルで棒状に包む。
2. 1をトースターで7〜8分焼いて、3等分に切る。

トースターで焼くことで、香ばしさがプラスされ、香りもよくなります。

主食

香ばしく適度な噛み応え

ご飯のお焼き

【材料(1人分)】

軟飯……90g
かつお節……ひとつまみ
溶き卵……大さじ1
しょうゆ……小さじ1/4
サラダ油……少々

【作り方】

1. 軟飯にかつお節、卵、しょうゆを加え混ぜ合わせる。
2. フライパンにサラダ油を熱し、1を大さじ1ずつ取ってフライパンに丸く広げて両面を焼く。

表面を軽く焼くだけで、手で持ちやすくなります。焼きすぎないよう注意。

1〜1歳半

大人料理のアレンジレシピ

大人と同じ料理を食べるには、まだまだ体が未発達です。
大人の料理をアレンジする際は、味付けする前に取り分けて調理しましょう。

大人レシピ

刺し身の盛り合わせ

【材料(大人2人分＋子ども1人分)】
まぐろ・白身魚の刺し身……各100g
つま(大根)……適量
大葉……適量
わさび……適量

【作り方】
1. まぐろ20g、白身魚30gを子ども用に取り分け、残りの刺し身をつま、大葉とともに盛り合わせ、わさびを添える。

主菜 白身魚のピカタ

アレンジ 2

子ども用に取り分けた白身魚はそぎ切りにして、小麦粉少々を薄くまぶす。溶き卵大さじ1に粉チーズ小さじ1/3、パセリ少々を加えた卵液をからめ、オリーブ油少々を熱したフライパンで両面を焼く。ケチャップ少々を添える。

主菜 まぐろの照り焼き

アレンジ 1

子ども用に取り分けたまぐろはそぎ切りにして、片栗粉少々をまぶす。サラダ油少々を熱したフライパンで両面を焼き、しょうゆ・みりん・水各小さじ1/3を合わせたものを回し入れて味をからめる。

大人レシピ

かきとほうれん草のグラタン

【材料(大人2人分＋子ども1人分)】

かき(むき身)	200g
ほうれん草	150g
玉ねぎ	1/2個
マカロニ(乾)	50g
サラダ油	大さじ1/2
バター	大さじ1
小麦粉	大さじ2
牛乳	2と1/2カップ
顆粒コンソメ	小さじ1
塩・こしょう	各少々
パン粉	大さじ2
粉チーズ	大さじ1

【作り方】

1. かきは塩水で汚れを落とし、水で洗い、水気を切る。ほうれん草はゆでて3cm長さに切り、玉ねぎはみじん切りにする。マカロニは袋の表示通りにゆでる。ほうれん草、マカロニをそれぞれ1/5量ずつ、子ども用に取り分けておく。
2. かきに小麦粉(分量外)を薄くまぶして、サラダ油を熱したフライパンで香ばしく焼いて取り出す。そのうちの1個を子ども用に取り出す。
3. フライパンをペーパータオルでふき、バターを弱火で溶かし、玉ねぎを入れてしんなりするまで炒める。小麦粉をふり入れてなじむように炒め、牛乳を少しずつ加えて、とろりとするまで煮る。子ども用に大さじ3を取り分け、残ったソースに顆粒コンソメを加え、塩、こしょうで味をととのえる。
4. 3に、マカロニ、ほうれん草、2を加え、耐熱容器に入れ、パン粉、粉チーズをふり、トースターで焦げ目がつくまで焼く。

主食＋主菜 かきとほうれん草のドリア

アレンジレシピ

子ども用に取り分けたホワイトソースに、粗く刻んだかき、ほうれん草、マカロニを加え、塩少々で味をととのえる。耐熱容器に軟飯70gを入れ、その上に具を入れて味をととのえたホワイトソース、パン粉少々、粉チーズ少々をふってトースターで焼く。

大人レシピ

カレーライス

材料(大人2人分＋子ども1人分)

ご飯	400g(大人用)
豚もも薄切り肉	170g
じゃがいも	1個
玉ねぎ	1個
にんじん	1/2本
水	5カップ
カレールウ(甘口)	2かけ

【作り方】

1. 豚肉は長さを3〜4等分に切る。じゃがいも、玉ねぎはひとくち大に切り、にんじんはひとくち大の乱切りにする。
2. 鍋に水、じゃがいも、玉ねぎ、にんじんを入れて火にかける。煮立ったらアクを取り、蓋をして野菜がやわらかくなったら、肉を加える。肉の色が変わったら、子ども用に肉20g、じゃがいも30g、にんじん15g、玉ねぎ15gを取り出し、肉は細切りにし、野菜は小さく切る。煮汁は1/2カップを取り分ける。
3. 子ども用を取り出したら、カレールウを加えて煮溶かし、味をととのえる。
4. 3をご飯の上にかける。

主食＋主菜 ベビーカレー

アレンジレシピ

鍋に、子ども用に取り分けたカレーの煮汁に大人用のカレーに仕上げた煮汁大さじ2を合わせる。さらに子ども用に取り分けた具を入れて温め、水溶き片栗粉適量でとろみをつける。軟飯90gの上にかける。

●新しい味覚や食感に挑戦

1歳半〜2歳の幼児食

だんだんと噛む力が発達してきて食事にバラエティーが出てくる時期です。調理方法を工夫して、いろいろな素材を自分で食べられるように練習していきます。

自分で食べる練習をしながら味やかたさを体験していく時期

2歳代でほとんどの乳歯が生えてくるので、噛む力がついてきます。少しずつかたさのあるものに挑戦していきましょう。繊維が気になる肉や野菜も、その繊維部分を断ち切るように包丁を入れてあげれば、食べやすくなります。

同じ食材でも、形を変えたり、味付けを変えたりして、調理法を工夫してみてください。歯を上下して噛み切るもの、すりつぶして飲み込むものなど、噛み方の調節も覚えていきます。新しい味や食感に挑戦させていきましょう。

また、スプーンやフォークなどの道具を使って、上手に食べる練習を始める時期です。なんでも自分でやりたがる年頃なので、すくいやすいサイズに切ったり、フォークを刺しても崩れにくいものを出すようにしましょう。

調理のコツ

1 歯応えのある大きさに切る

少しずつ形のあるものを与えていきたいので、歯応えが残るようちょっと大きめに切りましょう。魚は2〜3㎝四方くらいのそぎ切りに。野菜はやわらかくゆで、繊維を断つように斜め切りにすると、噛み切りやすくなります。

2 すくいやすい形に調理

徐々に、スプーンやフォークで食べることに慣れさせていきましょう。ひとくち大で刺したりすくったりしやすい形に調理します。少し深さと角度のあるお皿を使うと、すくうのがラクになります。

3 魚は皮や骨をていねいに取る

味は好きなのに、食べにくさが原因で嫌いになってしまうことは少なくありません。魚の皮や骨はていねいに取り除いて、口当たりをよくしましょう。また、しっかり揚げると、小骨までカリカリになって食べやすくなります。

1日の食品の目安量

摂取エネルギーの目安　男の子950kcal　女の子900kcal

主食

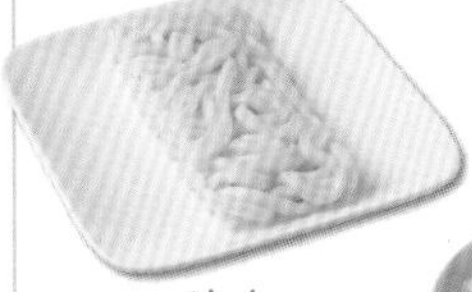

めん

パン

ご飯

やわらかめのご飯からご飯へ

主食は1日
200〜300ｇほど
（ご飯子ども用茶わん1杯＋食パン8枚切り1枚＋ゆでうどん1/2玉）

主菜

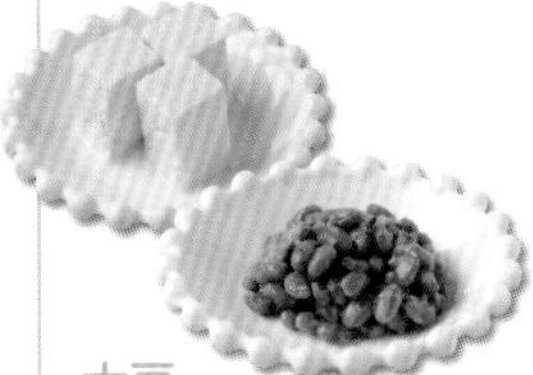

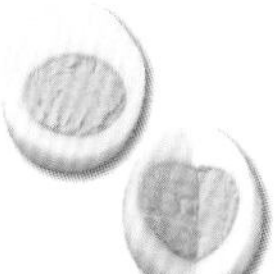

大豆
30g（豆腐50〜55g、または納豆大さじ１と1/2）

卵
25〜30g
（Mサイズ1/2〜2/3個）

魚類
20〜30g
（切り身1/3切れ）

肉類
20〜30g
（薄切り肉1枚）

副菜

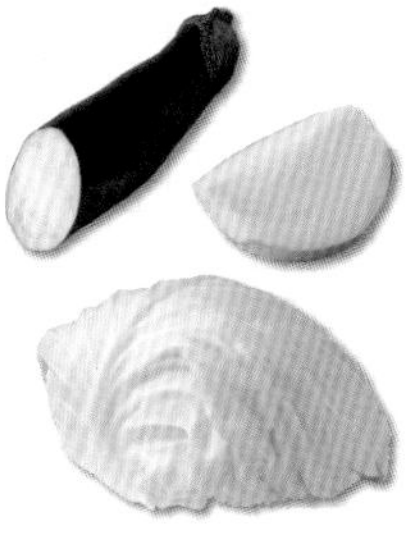

海藻類・きのこ類
少々（乾燥わかめ1〜2g＋しいたけ小1枚）

いも類
50g（じゃがいも1/3個、またはさつまいも1/6本）

淡色野菜
60g（キャベツ1枚＋玉ねぎ中1/3個＋なす2/3個）

緑黄色野菜
40g（ほうれん草1株強＋トマト大1/5個＋ブロッコリー2房）

乳製品・果物

乳製品
400g（牛乳コップ1と1/2杯＋6ピースチーズ1個(20g)＋ヨーグルト小1個）

果物
100〜150g（りんご1/6個＋みかん1/2個＋バナナ1/2本）

※子どもが食べる量は個人差があるので、目安として考えてください。

1日のトータルでバランスを考える

1歳半～2歳 1日の献立例

奥歯が生え揃い、噛む力がグンとアップする時期。新しい食材にもチャレンジし、食への興味を持たせましょう。

朝ごはん

卵や乳製品でたんぱく質をしっかり摂って

1日を元気に過ごすスイッチになる朝ごはん。卵やヨーグルトといったたんぱく質とすぐにエネルギーになるパンなどの炭水化物、スープなどの水分を組み合わせて、バランスのいい朝食に。

昼ごはん

ひと皿で栄養満点な焼きそば

炒めた野菜にとろみをつけたあんかけは、咀嚼力や嚥下《えんげ》の力が未熟な子どもにとって食べやすい料理です。具だくさんのあんをかければ、栄養も満点。自分で混ぜて食べることで、食べる意欲もアップします。

「夕ごはん

一汁二菜のベーシックな献立」

主食、主菜、副菜の揃ったバランスのいい献立です。残さずしっかり食べるには、おなかをすかせることが大切。昼間の活動量を増やし、おやつ以外の間食をしないよう、生活リズムを整えましょう。

「おやつ

野菜入りの蒸しパンでヘルシーに」

おやつとお菓子はイコールではありません。砂糖たっぷりのお菓子ではなく、野菜の入ったパンやおにぎりなど、ヘルシーなものを用意しましょう。運動量が増えるので、腹もちがいいものを。

1歳半～2歳

主食レシピ(ご飯)

1歳半～2歳くらいになったら、軟飯ではなく、普通のご飯でOKです。
おにぎりや寿司など、アレンジを楽しみましょう。

ご飯をやわらかく煮ているから食べやすい

トマトリゾット

【材料(1人分)】

ご飯……100g
ベーコン……10g
玉ねぎ……10g
オリーブ油……小さじ1
トマトジュース・水……各1/8カップ
塩……少々
粉チーズ……少々
パセリのみじん切り……少々

【作り方】

1. ベーコンは細かく刻み、玉ねぎはみじん切りにする。
2. フライパンにオリーブ油を熱し、1を炒め、玉ねぎがしんなりしたら、トマトジュース、水を加える。
3. 煮立ったらご飯を加えてなじむように煮て、塩で味をととのえる。器に盛り、粉チーズ、パセリをふる。

トマトジュースの代わりにトマトのみじん切りでもOKです。

カラフルな具材で食欲アップ

ツナとコーンの混ぜ寿司

【材料(1人分)】

ご飯……100g
ツナ(水煮缶)……20g
コーン(缶詰)……大さじ2
A 砂糖……小さじ1/8
A 塩……少々
A りんご酢……大さじ1/2
A 水……小さじ1
青のり……少々

【作り方】

1. ご飯に混ぜ合わせたAを加えて混ぜ、冷ます。
2. 1に水気を切ったツナ、コーンを混ぜて器に盛り、青のりをふる。

りんご酢を使うことで、まろやかな酸味に仕上がります。

梅肉の酸味が食欲をそそる

梅おかかとわかめ&ごまのおにぎり

【材料（1人分）】

- ご飯……100g
- A
  - 梅肉……少々
  - かつお節……1g
  - しょうゆ……少々
- B
  - カットわかめ（乾）……ひとつまみ
  - 白いりごま……少々

【作り方】

1. ご飯を2等分して、A、Bをそれぞれに混ぜ合わせる。
2. 1を食べやすい形ににぎる。

酸っぱいものが苦手なら、梅肉の量を少なめに。

香ばしく仕上がる

納豆チャーハン

【材料（1人分）】

- ご飯……100g
- ひき割り納豆……大さじ2
- 青ねぎ……1本
- しょうゆ……小さじ1/2
- サラダ油……小さじ1
- 塩……少々

【作り方】

1. ねぎは小口切りにする。
2. 納豆にしょうゆ、ご飯を混ぜ合わせる。
3. フライパンにサラダ油を熱し、2を入れて炒め、全体になじんだら1を加えてサッと炒め、塩で味をととのえる。

納豆は炒めることで、においが気にならなくなります。

さつまいもの甘さを堪能

さつまいもご飯

【材料（作りやすい分量・子ども用茶わん約4杯分）】

- 米……1合
- さつまいも……30g
- 水……1カップ
- 酒……小さじ2
- 塩……少々
- 黒すりごま……少々

【作り方】

1. さつまいもは1cm角のさいの目に切る。
2. 炊飯器に、洗った米、水、酒、塩を入れてサッと混ぜ合わせ、1をのせて炊く。
3. 炊き上がったら全体を混ぜ、100gを器に盛り、ごまをふる。

さつまいもは皮ごと使うので、しっかり洗いましょう。

1歳半〜2歳

主食レシピ(めん・パン)

めんはまだうまくすすれないので、短めに切って出しましょう。
パンはのどにつまらせないよう、小さく切る、やわらかくするなど工夫を。

レーズンの食感も楽しむ

フレンチトースト

【材料(作りやすい分量・2人分)】

レーズン入り食パン(6枚切り)……1枚
溶き卵……1/2個分
牛乳……1/4カップ
バター……大さじ1

【作り方】

1. パンは耳を落とし、8等分に切る。
2. 卵と牛乳を混ぜ合わせ、1を浸す。
3. フライパンにバターを溶かし、2の両面を香ばしく焼く。

かたくなったパンでもおいしくできます。フランスパンなら、噛む練習にも。

見た目もかわいい

2種のサンドイッチ

【材料(1人分)】

サンドイッチ用パン……3枚

卵とブロッコリーのマヨネーズ和え

A
- ブロッコリー……1房
- 溶き卵……1/4個分
- マヨネーズ…小さじ1/2

ブルーベリージャム

ブルーベリージャム……小さじ1
バター……少々

【作り方】

1. ブロッコリーはラップに包んで電子レンジで30秒ほど加熱し、細かく刻む。
2. フライパンにマヨネーズを入れて火にかけ、卵、1を加えて炒り卵にする。
3. パン一枚に2をのせ、もう一枚ではさみ、食べやすい大きさに切る。
4. もう一枚のパンに常温に戻したバターを塗り、ブルーベリージャムをのばしてロール状に巻き、食べやすい大きさに切る。

サンドイッチはロール状に巻くと、具が落ちず、食べやすくなります。

手づかみでも食べられる長さに

スパゲティナポリタン

【材料(1人分)】

- スパゲティ(乾)……40g
- ピーマン……15g
- 玉ねぎ……15g
- ハム……1枚
- オリーブ油・バター……各小さじ1
- A
  - ケチャップ……小さじ1
  - ウスターソース……小さじ1/2
  - 水……小さじ1
- 粉チーズ……少々

【作り方】

1. スパゲティは塩ゆでして5cm長さに切る。ピーマンは細切りにしてゆで、玉ねぎは繊維を断つように薄切り、ハムは細切りにする。
2. フライパンにオリーブ油、バターを熱し、玉ねぎ、ピーマンを炒める。
3. 野菜がしんなりしたら、ハム、スパゲティを加え、Aを入れて味をととのえる。器に盛り、粉チーズをふる。

栄養が摂れて体もポカポカ

煮込みうどん

【材料(1人分)】

- うどん(ゆで)……1/2玉
- 鶏むね肉……30g
- 長ねぎ……10g
- ほうれん草……20g
- にんじん……少々
- だし汁……1/3カップ
- しょうゆ……小さじ1
- 塩……少々

【作り方】

1. うどんは5cm長さに切り、熱湯にくぐらせておく。鶏肉は細切り、ねぎは小口切り、ほうれん草はゆでて水にさらし、水気を切って1cm長さに切る。にんじんは型抜きする。
2. 鍋にだし汁、ねぎ、にんじんを入れ、蓋をしてやわらかくなるまで煮る。
3. 2に鶏肉を加え、火が通ったら、うどん、ほうれん草を加えてサッと煮る。しょうゆ、塩で味をととのえる。

中華めんの表面を焼いて、香ばしさを出しましょう。

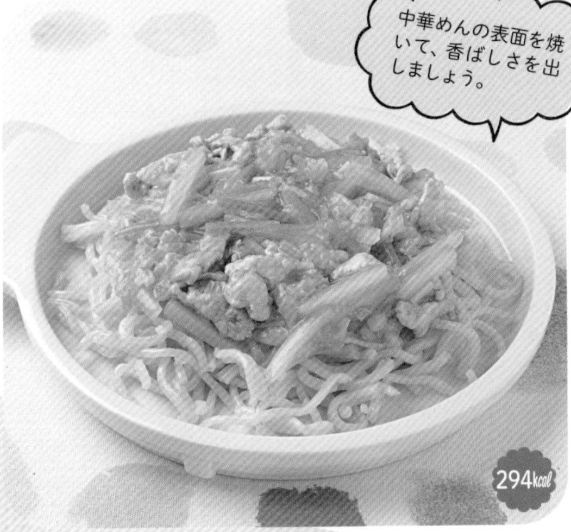

あんとめんを自分で混ぜて

あんかけ焼きそば

【材料(1人分)】

- 中華めん(生)……1/2玉
- 豚薄切り肉……30g
- 白菜……20g
- にんじん……5g
- えのき……5本
- サラダ油……小さじ2
- A
  - だし汁……1/4カップ
  - オイスターソース……小さじ1/2
  - 酒……小さじ1
- 水溶き片栗粉……少々

【作り方】

1. 中華めんは5cm長さに切る。豚肉、白菜は細切り、にんじんはせん切りにする。えのきは1cm長さに切る。
2. フライパンにサラダ油半量を熱し、中華めんを炒め、器に盛る。
3. フライパンに残りのサラダ油を熱し、豚肉を炒め、白菜、にんじん、えのきを加えてさらに炒め、Aを加えて蓋をして蒸し煮にする。野菜がやわらかくなったら水溶き片栗粉でとろみをつけ、2にかける。

1歳半～2歳

主菜レシピ(肉類)

練習を重ね、少しずつ噛む力をつけていきたいこの時期は、
ひき肉や薄切り肉を使い、食べやすいメニューに仕上げましょう。

ひとくちでいろいろな食感を体験

肉団子の中華あんかけ

【材料(1人分)】

豚ひき肉……40g
ねぎのみじん切り……少々
にんじんのみじん切り……少々
A しょうゆ……小さじ1/6
A 塩・こしょう……各少々
A 片栗粉……小さじ1強
揚げ油……適宜
鶏がらスープ……大さじ2
B ケチャップ……小さじ1/2強
B 酢・砂糖……各小さじ1/2弱
B しょうゆ・酒……各小さじ1/5
水溶き片栗粉……少々

【作り方】

1. 豚肉にねぎ、にんじん、Aを加えてよく混ぜ、ひとくち大に丸める。
2. 170℃の揚げ油で1をカラッと揚げる。
3. 鍋に鶏がらスープを温め、Bを加え、煮立ったら水溶き片栗粉を加えてとろみをつけ、2をからめる。

にんじんで色みもキレイに

にんじん入り鶏そぼろ

【材料(作りやすい分量・5人分)】

にんじん……1本
鶏ひき肉……150g
サラダ油……大さじ1/2
A みりん・酒……各小さじ2
A みそ……大さじ1

そぼろになじみやすいよう、にんじんはすりおろして。

【作り方】

1. にんじんはすりおろす。
2. フライパンにサラダ油を熱し、1を入れ、水気を飛ばすように炒める。
3. 2に鶏肉を加えてポロポロになるまで炒め、Aを回し入れて、汁気がなくなるまで炒める。

ケチャップで子ども好みの味に

ビーフシチュー

【材料(1人分)】

牛薄切り肉……30g
小麦粉……少々
玉ねぎ……15g
トマト……20g
にんじん……10g
サラダ油……小さじ1
コンソメスープ……1/4カップ
ケチャップ……小さじ1
塩……少々
パセリのみじん切り……少々

【作り方】

1. 牛肉は細切りにして、小麦粉をなじませておく。玉ねぎは薄切り、トマトはさいの目に切り、にんじんはすりおろす。
2. フライパンにサラダ油を熱し、玉ねぎをしんなりするまで炒めたら牛肉を加え、色が変わるまで炒める。にんじんを加えてなじむように炒め、トマト、スープを加えて煮る。
3. 2にケチャップ、塩を加えて味をととのえ、器に盛り、パセリをふる。

肉とパイナップルが好相性

豚肉のパイナップルソテー

【材料(1人分)】

豚薄切り肉……30g
塩・小麦粉……各少々
パイナップル……20g
サラダ油……少々
しょうゆ……少々
水……大さじ1

パイナップルの酵素が肉をやわらかくし、消化を助けます。

【作り方】

1. 豚肉は塩をふって、小麦粉をなじませる。パイナップルは細かく刻む。
2. フライパンにサラダ油を熱し、豚肉を焼いて取り出す。
3. 同じフライパンに、パイナップル、しょうゆ、水を加えて煮て、2にかける。

敬遠しがちなレバーを食べやすく

レバーのケチャップ煮

【材料(1人分)】

鶏レバー……30g
玉ねぎ……10g
コンソメスープ……1/4カップ
ケチャップ……小さじ1/2
塩……少々

レバーもケチャップで煮込めば、子どもでも食べやすいよう仕上がります。

【作り方】

1. レバーは下ゆでする。玉ねぎは薄切りにする。
2. 鍋にスープ、1、ケチャップを入れ、汁気がなくなるまで煮る。
3. 2に塩を加えて味をととのえる。

1歳半～2歳

主菜レシピ（魚類）

魚は骨を取り除きやすい切り身をチョイス。
トマト、チーズ、カレーなど、味にも変化をつけましょう。

衣がサクッと心地いい

あじフライ

【材料(1人分)】

あじ(三枚おろし)	40g
小麦粉	小さじ1
水	小さじ1
パン粉	適量
揚げ油	適量
ミニトマト	2個

【作り方】

1. あじは皮と骨を取り除き、そぎ切りにする。
2. 1に小麦粉を水で溶いたもの、パン粉の順に衣をつけて170℃の揚げ油で揚げ、器に盛る。半分に切ったミニトマトを添える。

あじは皮と骨をしっかり取り除いて調理しましょう。

チーズがとろり、彩りも鮮やか

たらのチーズ焼き

【材料(1人分)】

たら(切り身)	1/3切れ
酒	少々
ピーマン	10g
パプリカ(赤)	10g
スライスチーズ	1枚

【作り方】

1. たらはそぎ切りにして、酒をふる。ピーマン、パプリカは、細切りにしてサッとゆでる。
2. アルミホイルに1をのせ、その上にチーズをちぎってのせる。トースターで3～4分焼く。

ピーマンの苦みを、チーズがやわらげます。

しっとりやわらかい定番の味

かれいの煮つけ

【材料(1人分)】

かれい(切り身)	1/2切れ
ほうれん草	20g
A だし汁	1/2カップ
A しょうゆ	小さじ1弱
A みりん	小さじ1/2

皮と骨は煮てからはずすと、スルッと簡単に取ることができます。

【作り方】

1. ほうれん草はゆでて水にさらし、水気を切って細かく刻む。
2. 鍋にAを煮立て、かれいを加え、汁をかけながら煮る。
3. 2の皮と骨を取り除き、食べやすい大きさにほぐして器に盛る。1を添え、2の煮汁をかける。

トマト&ズッキーニでイタリア風に

かじきのトマト煮

【材料(1人分)】

かじき(切り身)	40g
なす	20g
ズッキーニ	10g
トマト	1/4個
オリーブ油	小さじ1
水	大さじ2～3
塩	少々

パサつきがちなかじきも、トマトで煮込めばしっとりした仕上がりに。

【作り方】

1. かじき、なす、ズッキーニ、トマトはさいの目に切る。
2. フライパンにオリーブ油を熱し、かじきを炒め、色が変わったらなす、ズッキーニを加える。
3. 2がしんなりしたらトマト、水を加えて煮て、塩で味をととのえる。

スパイスの香りが食欲をそそる

さわらのカレー風味揚げ

【材料(1人分)】

さわら(切り身)	1/2切れ
A カレー粉	少々
A 酒	小さじ1
A しょうゆ	小さじ1/2
片栗粉	少々
揚げ油	少々
かぼちゃ	20g

ビタミンAの多いかぼちゃは、素揚げして甘みをアップさせて。

【作り方】

1. さわらはそぎ切りにし、Aをなじませる。
2. 1に片栗粉をまぶし、170℃の揚げ油で揚げ、器に盛る。小さく切って素揚げしたかぼちゃを添える。

1歳半〜2歳

豆腐・大豆・卵のレシピ

良質なたんぱく質が摂れる豆腐や大豆、卵は、積極的に摂りたい食材です。
いろいろな調理法でアレンジしてみましょう。

トマトの酸味でいつもと違う味に

トマト入りスクランブルエッグ

【材料(1人分)】

卵	1/2個分
塩	少々
トマト	25g
バター	小さじ1/2
粉チーズ	少々

【作り方】

1. ボウルに卵を溶きほぐし、塩を加える。トマトは皮を湯むきして種を取り除き、1cm角に切る。
2. フライパンにバターを溶かし、トマトを入れて炒めたら卵を回し入れ、サッとかき混ぜる。粉チーズをふる。

トマトは皮と種を取り除いた後、裏ごししてから調理すると、口当たりがよくなります。

豆腐を入れてヘルシーに

豆腐ハンバーグ

【材料(作りやすい分量・5人分)】

鶏ひき肉		200g
木綿豆腐		100g
玉ねぎ		1/4個
サラダ油		小さじ2
塩		小さじ1/5
A	マヨネーズ・だし汁	各大さじ1
	しょうゆ	大さじ1/2
ブロッコリー		少々

【作り方】

1. 豆腐は水切りをし、玉ねぎはみじん切りにする。
2. フライパンに半量のサラダ油を熱し、玉ねぎを炒めて冷ます。
3. ボウルに鶏肉、豆腐、2、塩を入れてよく混ぜ、1/5量を取り分け、小判形に2個成形する。
4. フライパンに残りのサラダ油を熱し、3の両面を焼いたら蓋をして中まで火を通す。器に盛り、混ぜ合わせたAの1/5量をかけ、ゆでたブロッコリーを添える。

ごま油で食欲をそそる香りに

炒り豆腐

【材料(作りやすい分量・5人分)】

- 木綿豆腐……150g
- しいたけ……1枚
- にんじん……1cm
- 絹さや……4枚
- 長ねぎのみじん切り……大さじ1
- ごま油……小さじ1
- だし汁……1/4カップ
- A しょうゆ・みりん……各小さじ1

【作り方】

1. 豆腐は軽く水切りする。しいたけはみじん切り、にんじんはせん切りにしてラップに包み、電子レンジで30秒加熱する。絹さやは筋を取ってゆで、斜め細切りにする。
2. 鍋にごま油を熱し、ねぎ、しいたけ、にんじんを炒め、油が回ったら豆腐をくずしながら加え、ポロポロに炒る。
3. 2に絹さや、だし汁、Aを加え、汁気が少なくなるまで煮る。

とろとろのあんをかけて

揚げ出し豆腐

ヘルシーな豆腐も、油で揚げることで食べ応え十分な主菜になります。

【材料(1人分)】

- 絹ごし豆腐……50g
- 片栗粉……適量
- 揚げ油……適量
- A
  - だし汁……1/4カップ
  - しょうゆ・みりん……各小さじ1/2
  - 片栗粉……小さじ1/2

【作り方】

1. 豆腐は水切りをして食べやすい大きさに切り、片栗粉をまぶして、170～180℃の揚げ油できつね色に揚げて器に盛る。
2. 鍋にAを煮立て、とろみがついたら1にかける。

大人用にはチリパウダーを加えて辛さをプラス。コーンを入れれば彩りも加わります。

パンやめんにのせても

チリコンカン

【材料(作りやすい分量・5人分)】

- 大豆(水煮缶)……100g
- 合いびき肉……50g
- 玉ねぎ……1/4個
- にんにく……1/2かけ
- オリーブ油……大さじ1
- 小麦粉……小さじ2
- A
  - 顆粒コンソメ……小さじ1/2
  - トマトジュース……3/4カップ
  - ウスターソース……小さじ1
  - ケチャップ……大さじ1
- 塩……少々
- パセリのみじん切り……少々

【作り方】

1. 大豆は粗くつぶす。玉ねぎとにんにくはみじん切りにする。
2. フライパンにオリーブ油、玉ねぎ、にんにくを入れ、弱火で炒め、玉ねぎがしんなりしたら、合いびき肉を加えてポロポロになるまで炒める。小麦粉をふり入れ、なじんだら大豆を加えサッと炒める。
3. 2にAを加え、5分ほど煮込んだら、塩で味をととのえる。1/5量を器に盛り、パセリをふる。

1歳半～2歳

副菜レシピ

青菜や根菜、いも類といった野菜には、さまざまな栄養素が含まれています。
切り方や調理法で食感が変わるので、いろいろな料理にトライしましょう。

オイスターソースのうまみがギュッ

チンゲン菜の中華炒め煮

【材料(1人分)】

チンゲン菜……20g
ごま油……小さじ1/2
A
オイスターソース……小さじ1/3
水……大さじ2
片栗粉……小さじ1/3

【作り方】

1. チンゲン菜はやわらかくゆでて1cm幅に切る。
2. フライパンにごま油を熱し、1を炒め、混ぜ合わせたAを加えて炒め煮にする。

しっかり炒め煮にすることで、オイスターソースのうまみがチンゲン菜にしみ込みます。

パプリカの甘みが際立つ

パプリカのおかか和え

【材料(1人分)】

パプリカ(赤・黄)……30g
だし汁……1/4カップ
しょうゆ……小さじ1/5
かつお節……少々

【作り方】

1. パプリカは横に細切りにする。
2. 鍋にだし汁を入れ、1をやわらかく煮る。しょうゆを加えて味をととのえ、かつお節をふる。

パプリカのビタミンCは熱に強いので、火を通してもOK。ビタミン補給に最適です。

ツナのうまみでコクをプラス

大根とにんじんのなます

【材料(作りやすい分量・4人分)】

大根	100g
にんじん	20g
ツナ(水煮缶)	20g
サラダ油	小さじ1
砂糖・酢	各小さじ1/3
しょうゆ	小さじ2/3
水	適宜

【作り方】

1. 大根とにんじんは短冊切りにし、サッとゆでる。
2. フライパンにサラダ油を熱し、1、水気を切ったツナを炒め、砂糖、酢、しょうゆ、水を加えて汁気がなくなるまで炒める。

ツナのうまみでコクが出て、酸味をやわらげます。

ごまの風味がたまらない

いんげんのごま和え

【材料(1人分)】

いんげん	25g
白すりごま	小さじ2/3
だし汁	小さじ1
しょうゆ	小さじ1/3

【作り方】

1. いんげんはやわらかくゆでて水気を切り、斜め5mm幅に切る。
2. 1にごま、だし汁、しょうゆを加えて和える。

いんげんは繊維を断つように斜めに切ると、噛み切りやすくなります。

鉄板のコンビ！

じゃがいもの青のり和え

【材料(1人分)】

じゃがいも	1/2個
青のり	少々
塩	少々

【作り方】

1. じゃがいもは1cm角に切る。
2. 1を塩を加えた湯でゆでて、やわらかくなったら湯を捨て、鍋をゆすって粉ふきにする。青のりをまぶす。

じゃがいもはラップに包み、電子レンジで加熱してもOKです。

甘くておいしい意外な組み合わせ

さつまいものオレンジ煮

【材料(1人分)】

さつまいも……75g
砂糖……小さじ1/2
オレンジジュース・だし汁……各1/5カップ

【作り方】

1. さつまいもは皮付きのままいちょう切りにする。
2. 鍋に材料をすべて入れ、落とし蓋をして、さつまいもがやわらかくなるまで煮る。

副菜としてだけでなく、おやつにもおすすめの一品です。

カレーの香りで食欲アップ

オクラのカレー炒め

【材料(1人分)】

オクラ……3本(25g)
バター……小さじ1/2
カレー粉……少々
水……小さじ1

【作り方】

1. オクラはゆでて斜め3mm幅に切る。
2. フライパンにバターを溶かし、カレー粉を加え、1、水を加えて炒め合わせる。

バターが焦げないよう、炒めるときに水を少し加えるのがコツ。

“炒める前にゆでる”がポイント

やわらかきんぴら

【材料(1人分)】

ごぼう……20g
にんじん……10g
ごま油……少々
だし汁……大さじ2
しょうゆ・砂糖……各少々

【作り方】

1. ごぼうは短いささがき、にんじんは短冊切りにしてゆでる。
2. 鍋にごま油を熱し、1を炒め、だし汁、しょうゆ、砂糖を入れてやわらかくなるまで煮る。

ごぼうやにんじんは噛む力をつけるのに最適な食材。ゆで時間は、子どもの噛む力に合わせて調整しましょう。

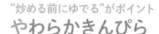

郵便はがき

104-8011

東京都中央区築地
5-3-2

株式会社
朝日新聞出版
生活・文化編集部 行

おそれいりますが
切手をお貼り
下さい

ご住所　〒 電話　(　　　)		
ふりがな お名前		
Eメールアドレス		
ご職業	年齢 歳	性別

このたびは本書をご購読いただきありがとうございます。
今後の企画の参考にさせていただきますので、ご記入のうえ、ご返送下さい。
お送りいただいた方の中から抽選で毎月10名様に図書カードを差し上げます。
当選の発表は、発送をもってかえさせていただきます。

愛読者カード

本のタイトル

お買い求めになった動機は何ですか？（複数回答可）

1．タイトルにひかれて　　2．デザインが気に入ったから
3．内容が良さそうだから　　4．人にすすめられて
5．新聞・雑誌の広告で（掲載紙誌名　　　　　　　　　　）
6．その他（　　　　　　　　　　　　　　　　　　　　　）

表紙　1．良い　2．ふつう　3．良くない
定価　1．安い　2．ふつう　3．高い

最近関心を持っていること、お読みになりたい本は？

本書に対するご意見・ご感想をお聞かせください

ご感想を広告等、書籍のPRに使わせていただいてもよろしいですか？

1．実名で可　　2．匿名で可　　3．不可

ご協力ありがとうございました。
尚、ご提供いただきました情報は、個人情報を含まない統計的な資料の作成等に使用します。その他の利用について詳しくは、当社ホームページ
https://publications.asahi.com/company/privacy/をご覧下さい。

食物繊維やカルシウムがいっぱい

切り干し大根のやわらか煮

【材料(作りやすい分量・5人分)】

切り干し大根	15g
にんじん	50g
油揚げ	1枚
サラダ油	小さじ1
だし汁	1/2カップ
戻し汁	1カップ
しょうゆ・砂糖	各小さじ1

切り干し大根の戻し汁には栄養素がつまっているので、捨てないように。

【作り方】

1. 切り干し大根は洗って水で戻し、1cm長さに切る（戻し汁は取っておく）。にんじんは2cm長さのせん切り、油揚げは5mm幅に切る。

2. 鍋にサラダ油を熱し、1を炒め、だし汁、戻し汁を加えて蓋をして15分ほど煮る。しょうゆ、砂糖を加え、さらに15分ほど煮含める。

のりの風味で味にメリハリを

小松菜ののり和え

【材料(1人分)】

小松菜	30g
だし汁	小さじ2
しょうゆ	小さじ1/5
のり	少々

ほうれん草やかぶの葉を使っても、おいしく仕上がります。

【作り方】

1. 小松菜はゆでて水にさらし、水気を切って2cm長さに切る。

2. 1にだし汁、しょうゆ、のりを加えて和える。

電子レンジでできちゃう

もやしの卵とじ

【材料(1人分)】

もやし	20g
卵	1/2個分
だし汁	大さじ2
しょうゆ	小さじ1/3
かつお節	少々

加熱時間が足りないときは、卵に火が通りすぎないよう、少しずつ加熱していきましょう。

【作り方】

1. もやしはやわらかくゆでて1cm長さに切る。卵は溶きほぐしておく。

2. 耐熱容器にもやし、だし汁、しょうゆを入れて混ぜ、さらに卵を加えて混ぜ合わせる。ラップをふんわりかけて電子レンジで1分加熱する。

3. 2をサッと混ぜ合わせ、かつお節をのせる。

1歳半〜2歳

汁ものレシピ

自分でスプーンを使って飲めるようなレシピも加え、
ひとりで食べるチャレンジをさせましょう。

かぼちゃと牛乳の甘みがたっぷり

かぼちゃのミルクスープ

【材料(1人分)】

かぼちゃ……30g
水・牛乳……各1/4カップ
顆粒コンソメ……小さじ1/4

【作り方】

1. かぼちゃはいちょう切りにしてラップに包み、電子レンジで30秒〜1分加熱する。
2. 鍋に1、水、コンソメを入れ、煮る。
3. かぼちゃがやわらかくなったら、牛乳を加え、煮立つ寸前で火を止める。

牛乳は煮立つと風味が落ちるので、煮立つ寸前で火を止めるのがコツです。

たんぱく質もしっかり摂取

キャベツとソーセージのスープ

【材料(1人分)】

キャベツ……20g
ソーセージ……1本
水……1/2カップ
顆粒コンソメ……小さじ1/4

【作り方】

1. キャベツはやわらかくゆでて1cm角に切る。ソーセージは小口切りにする。
2. 鍋に水、コンソメを入れて温め、1を加えてひと煮する。

ソーセージの代わりにベーコンやハムでもうまみが出て、おいしくできます。

ご飯にパン、パスタにも合う

レタスとベーコンのスープ

【材料(1人分)】

レタス	小1/2枚
ベーコン	1/2枚
水	1/2カップ
顆粒コンソメ	少々

【作り方】

1. レタスは細かく刻み、ベーコンは細切りにする。

2. 鍋にベーコン、水、コンソメを入れて煮て、煮立ったらレタスを加えて火を止める。

ベーコンのうまみが溶け出すので、コンソメの量は控えめに。

ツルッとした食感を楽しんで

小松菜とワンタンの皮のスープ

【材料(1人分)】

小松菜	20g
ワンタンの皮	2枚
ハム	10g
水	1/2カップ
鶏がらスープの素	小さじ1/4

【作り方】

1. 小松菜はゆでて水にさらし、水気を切って1cm長さに切る。ワンタンの皮は細く切り、ハムは細切りにする。

2. 鍋に水、鶏がらスープの素を入れて温め、小松菜、ハムを加えてひと煮したら、ワンタンの皮を加えて、火が通るまで煮る。

ワンタンや春雨を入れると、違う食感が楽しめて食が進みます。

時間のないときにおすすめ

豆腐とあおさのみそ汁

【材料(1人分)】

絹ごし豆腐	20g
あおさ	ひとつまみ
だし汁	1/2カップ
みそ	小さじ1弱

【作り方】

1. 豆腐はさいの目に切る。

2. 鍋に1、あおさ、だし汁を入れて煮立て、沸騰する直前にみそを溶き入れる。

主菜・副菜のメニューによって、お好みの野菜を加えても○。

1歳半～2歳

おやつレシピ

活動量が増え、おやつ前におなかがすくことも。脂質は控えめでおなかにたまり、
夕ごはんまでエネルギー切れにならないようなメニューを心がけましょう。

いつものバナナを焼くだけ

バナナのソテー

【材料(1人分)】

- バナナ……50g
- バター……小さじ1/2
- ココアパウダー……少々

ココアパウダーの代わりにシナモンパウダーをふれば、大人のおやつに。

【作り方】

1. バナナは小口切りにする。
2. フライパンにバターを溶かし、1を炒め、しんなりしたら器に盛り、ココアパウダーをふる。

カラフルで栄養満点のおやつ

野菜蒸しパン2種

【材料(作りやすい分量・直径7.5㎝の型4個分、1人分の目安・1個)】

生地

- 小麦粉……100g
- 牛乳……1/4カップ
- ベーキングパウダー……小さじ2
- 砂糖……60g
- 卵……1個

にんじん……45g

ほうれん草……30g

【作り方】

1. 生地の材料をすべて混ぜ合わせ、2等分にする。
2. 片方にすりおろしたにんじん、もう片方にゆでて刻んだほうれん草を加えて、型に半量ずつ流し込み、蒸気の上がった蒸し器で10～15分蒸す。

メープルシロップのやさしい甘さ

かぼちゃ白玉

【材料（作りやすい分量・4人分）】

かぼちゃ……50g
白玉粉……50g
牛乳……大さじ2～3
メープルシロップ……適量

牛乳を入れることで、よりもちもちした食感になります。誤飲に気をつけましょう。3歳くらいまでは小さく切ってあげて。

【作り方】

1. かぼちゃはゆでてつぶし、白玉粉と混ぜ、牛乳を加えて耳たぶ程度のかたさになるまで混ぜ合わせる。
2. 1をひとくち大に丸めて中央をつぶし、沸騰した湯に入れる。浮いてきたら水にとって、ざるにあげる。
3. 2の1/4量を器に盛り、メープルシロップをかける。

パンをじゃがいもに替えて

じゃがいもピザ

【材料（作りやすい分量・8切れ分、1人分の目安・3切れ）】

じゃがいも……1個
ベーコン……1枚
ピザ用ソース……大さじ1～2
ピザ用チーズ……20g
パセリのみじん切り……少々

ピーマンやコーンなど、いろいろな具をのせて楽しみましょう。

【作り方】

1. じゃがいもは皮をむいて5mm厚さに切り、ラップに包んで電子レンジで2分加熱する。ベーコンは細切りにする。
2. じゃがいもにソースを塗り、ベーコンとチーズをのせて、チーズが溶けるまでトースターで焼く。パセリをふる。

市販のあんを使って簡単に

きな粉おはぎ

【材料（作りやすい分量・18個分、1人分の目安・3個）】

米・もち米……各1/2合
水……4/5カップ
こしあん……145g
きな粉……15g
砂糖……10g

米ともち米は水に浸けて、水をしっかり吸わせましょう。

【作り方】

1. 米ともち米を洗ってざるにあげ、分量の水に30分ほど浸けた後、炊飯器で炊く。
2. 1、あんを18等分して、1の真ん中にあんを入れて俵形にする。きな粉、砂糖を混ぜ合わせたものをまぶす。

1歳半～2歳

大人料理のアレンジレシピ

この頃になると、大人と同じものを食べたいという思いが出てきます。
見た目を工夫して、同じものを食べているという気持ちにさせてあげましょう。

ハンバーグ

大人レシピ

【材料(大人2人分+子ども2人分)】

合いびき肉		300g
玉ねぎ		1/4個
バター		小さじ1
パン粉・牛乳		各大さじ2
塩・こしょう・ナツメグ		各少々
サラダ油		大さじ1/2
A	ウスターソース	大さじ1
A	ケチャップ	大さじ1
じゃがいも		2個

【作り方】

1. 玉ねぎはみじん切りにする。
2. フライパンにバターを溶かし、1を炒め、しんなりしたら取り出し、粗熱を取る。
3. ボウルに合いびき肉、2、パン粉、牛乳、塩、こしょう、ナツメグを加えてよく混ぜ合わせ、全体の2/3量を大人用に2つの楕円形に成形し、残りの1/3量を子ども用に小4つの楕円形に成形する。
4. フライパンにサラダ油を熱し、3を並べて両面を焼き、蓋をして蒸し焼きにして、中まで火を通す。
5. 4を器に盛り、混ぜ合わせたAをかけ、食べやすい大きさに切って粉ふきにしたじゃがいもを添える。粉ふきいも1/2個分は子ども用に取り分ける。

主菜 マッシュポテト入りハンバーグ

アレンジ2

子ども用のハンバーグ2個を粗くつぶし、マッシュポテト(粉ふきにしたじゃがいもにバター小さじ1、牛乳大さじ1を加えてマッシュしたもの)を合わせ、ケチャップ適量をかける。

主菜 チーズハンバーグ

アレンジ1

耐熱容器に子ども用のハンバーグ2個をのせ、ピザ用ソース大さじ1強、ピザ用チーズ15gをのせる。トースターで3分ほど、チーズが溶けて軽く焼き色がつくまで焼く。

汁もの 野菜のスープ煮

鍋に、水1/2カップ、顆粒コンソメ小さじ1/2、取り分けたレタス、1cm角に切ったトマト、コーンを入れ、野菜がやわらかくなるまで煮る。

野菜サラダ

【材料(大人2人分+子ども1人分)】

レタス	4枚
トマト	小1個
コーン(缶詰)	大さじ3
ドレッシング(市販のもの)	適量

【作り方】

1. レタスは食べやすい大きさにちぎる。トマトはくし形に切る。
2. 子ども用に1とコーンの1/5量を取り分け、残りを器に盛り、ドレッシングをかける。

主食+主菜 子ども細巻き

巻きすにのり1/2枚を置き、子ども用に取り分けたすし飯をのせ、だし巻き卵、きゅうり、さけフレークを芯にして細長く巻く。食べやすい大きさに切る。

太巻

【材料(大人2人分+子ども1人分)】

ご飯		400g
すし酢		大さじ2
卵		3個
A	だし汁	1/4カップ
A	しょうゆ	小さじ1
きゅうり		1本
さけフレーク		140g
のり		2枚半
サラダ油		小さじ1

作り方

1. ご飯にすし酢を混ぜる。子ども用に100g取り分ける。
2. 卵を溶きほぐし、Aを加えて混ぜ、サラダ油を熱したフライパンに数回に分けて流し入れ、だし巻き卵を作る。粗熱が取れたら食べやすい大きさの棒状に切り、子ども用に1/5量取り分ける。せん切りにしたきゅうり、さけフレークも1/5量取り分ける。
3. 巻きすにのり1枚を置き、すし飯150gをのせ、さらにだし巻き卵、きゅうり、さけフレークをそれぞれ半量ずつのせて、これらを芯にして巻く。これを2本作り、食べやすい大きさに切る。

3~5歳の幼児食

●辛みや酸味にも挑戦

しっかりとした食事ができるようになり、大人の献立に少し手を加えたメニューでも食べられるようになってきます。苦手だったものにも挑戦していきましょう。

「食べる力」がついてくるので いろいろなメニューを体験させて

すべての乳歯が生え揃うので、繊維質のものを噛みつぶす力がついてきます。メニューにも、繊維のある生野菜や弾力のあるこんにゃくなど、いままで食べられなかったものを積極的に取り入れるようにしましょう。

食べ物の味の違いを楽しめるようになってくる時期でもあります。辛みや酸味のあるものにも、少しずつ挑戦を。好き嫌いはあっても、カレーに混ぜたり、好きな具と一緒に巻いたりすることで、食べられるようになることがあります。

また、食事をこぼさなくなり、お箸が使えるようになってきます。でも、はじめはうまく使えなくて当たり前。つかみやすいちくわやブロッコリー、肉だんごなどを食卓に出して、少しずつ練習していくといいでしょう。

調理のコツ

1 噛む練習ができる食材を

ごぼうやこんにゃくなど、しっかり噛まないと飲み込めないような食材を徐々に使っていくようにしましょう。大切なのは、しっかりと噛む練習をさせること。繊維質のものや噛み応えのある食材を増やしていきます。

2 お箸でつかめるサイズにする

4歳くらいからはお箸が使えるようになるので、お箸でつかみやすいサイズの料理を用意しましょう。小さすぎたりやわらかすぎたりする食材は避け、多少凹凸があってお箸がひっかかるような食材がおすすめです。

3 すっぱいものを取り入れる

酸味が苦手という子どもは少なくありませんが、少しずつ慣れさせて食べられるように練習しましょう。酢飯で手巻き寿司にしたり、甘酢あんかけにするなど、好きなものと組み合わせれば、意外とすんなり食べてくれます。

1日の食品の目安量

摂取エネルギーの目安　男の子1300kcal　女の子1250kcal

主食

めん

パン

ご飯

主食は1日250～350ｇほど（ご飯子ども用茶わん1杯半＋食パン6枚切り1枚＋ゆでうどん2/3玉）

主菜

大豆
40g（豆腐60g、または納豆大さじ２）

卵
50g（Mサイズ1個）

魚類
30～50g（切り身2/3切れ）

肉類
30～50g（薄切り肉３～４枚）

副菜

海藻類・きのこ類
少々（乾燥わかめ１～２g＋しいたけ中１枚）

いも類
70g（じゃがいも2/3個、またはさつまいも1/4本）

淡色野菜
90～120g（キャベツ１枚半＋玉ねぎ中1/2個＋なす１個）

緑黄色野菜
60～80g（ほうれん草２株＋トマト大1/3個＋ブロッコリー３房）

乳製品・果物

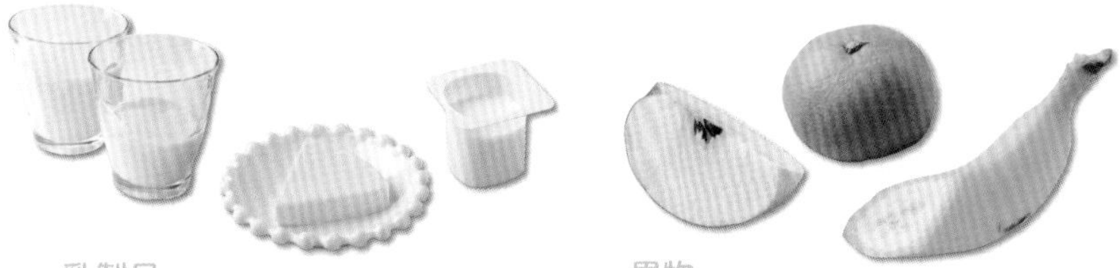

乳製品
400g（牛乳コップ1と1/2杯＋6ピースチーズ1個（20g）＋ヨーグルト小1個）

果物
150～200g（りんご1/4個＋みかん１個＋バナナ1/2本）

※子どもが食べる量は個人差があるので、目安として考えてください。

食事のマナーも教えて
3～5歳 1日の献立例

かたいものが食べられるようになり、食事の幅が広がります。マナーを教えるなど、食生活の基本を身につけさせましょう。

朝ごはん
野菜とチーズをのせた朝にぴったりなトースト

炭水化物、たんぱく質、ビタミンが一度に摂れるピザトーストは、朝ごはんにぴったりの一品。スープの野菜はせん切りにすれば、短時間で火が通ります。うずら卵は小さくて食べやすいので、おすすめです。

昼ごはん
子どもが大好きなミートソーススパゲティ

ひき肉たっぷりのミートソーススパゲティは、子どもに人気のメニューのひとつ。具材を角切りにしたサラダは、食べやすくて、見た目にもかわいく、お箸やフォークの練習にもなります。

夕ごはん

**淡泊な白身魚は
フライにして腹もちよく**

食べ応えがあるよう、白身魚はフライにして。魚は骨を取り、食べやすい大きさに切って出しましょう。栄養価の高いのりは、小さくちぎって和え物に。大根はやわらかく煮て、甘みを引き出しましょう。

おやつ

**食物繊維
たっぷりのレシピ**

さつまいもに煮立たせた砂糖をからめたいもけんぴは、ヘルシーで食べ応えのある、おすすめのおやつ。大きく切ると飲み込みにくくなるので、小さめに切って調理しましょう。牛乳は1食150〜200mLくらいを目安に。

3~5歳

主食レシピ(ご飯)

歯応えのある具材の入った炊き込みご飯や酸味のきいた寿司など、
大人と一緒のごはんを楽しみましょう。

彩り鮮やかで食卓が華やぐ

さけちらし寿司

【材料(1人分)】

ご飯		120g
甘塩ざけ(切り身)		30g
いんげん		1本
A	酢	小さじ2
A	砂糖	小さじ1/2
炒り卵		少々
刻みのり		少々

【作り方】

1. さけは焼いてほぐしておく。いんげんは筋を取ってゆでて、斜めに切る。
2. ご飯に混ぜ合わせたAを入れて混ぜ、1を加えて混ぜて器に盛る。卵をのせ、のりを散らす。

酸味が苦手なら、酢をりんご酢にするとまろやかな味わいになります。

枝豆の緑がきれいなご飯

枝豆ご飯

【材料(1人分)】

ご飯	120g
枝豆(さやつき)	100g

【作り方】

1. 枝豆は塩ゆでして、さやから出す。
2. 1をご飯に混ぜる。

枝豆は塩もみをし、1~2%の塩水(水1Lなら10~20gの塩)で4~5分ほどゆでるとおいしくゆであがります。3歳くらいまではつぶしたり、細かく刻んだりしてあげましょう。

先にご飯と卵を混ぜることで、ふんわり、パラパラに仕上がります。

ほどよい塩味がおいしい

チャーハン

【材料(1人分)】

ご飯……120g
長ねぎ……5cm
むきえび……30g
卵……1個
塩……小さじ1/5
サラダ油……大さじ1
しょうゆ……小さじ1/2

【作り方】

1. ねぎはみじん切りにし、えびは粗く刻む。
2. ボウルに卵を溶きほぐし、ご飯、塩を加えて混ぜ合わせる。
3. フライパンにサラダ油を熱し、1を入れてサッと炒める。
4. 3に2を加え、パラパラになるまで炒めたらしょうゆを回し入れ、サッと混ぜ合わせる。

一品でいろんな食感が体験できる

炊き込みご飯

材料(作りやすい分量・子ども用茶わん6杯分)

米……2合
鶏ひき肉……150g
A しょうゆ……大さじ1
A 酒・みりん……各小さじ2
こんにゃく……50g
にんじん……3cm
ごぼう……1/4本
しいたけ……1枚
絹さや……4枚
塩……小さじ1/5

【作り方】

1. 鶏肉にAをなじませ、15分ほどおく。こんにゃく、にんじんは1.5cm長さの短冊切り、ごぼうは短めのささがきに、しいたけは細切り、絹さやはゆでてせん切りにする。
2. 炊飯器に米、2合の目盛りまでの水を入れ、塩を加えてサッと混ぜる。絹さや以外の野菜とこんにゃくをちらし、鶏肉を広げてのせ、炊飯器で炊く。
3. 全体を混ぜ、150gを器に盛り、絹さやを散らす。

ケチャップ味のご飯がうれしい

オムライス

【材料(1人分)】

ご飯……120g
鶏むね肉……30g
玉ねぎ……1/8個
ピーマン……1/2個
卵……1個
牛乳……大さじ1
塩……少々
バター……大さじ1/2
サラダ油……大さじ1/2
ケチャップ……大さじ1

【作り方】

1. 鶏肉は細かく切り、玉ねぎとピーマンはみじん切りにする。
2. ボウルに卵を溶きほぐし、牛乳、塩を加えて混ぜ、フライパンにバターを溶かしたところに回し入れる。丸く焼き上げ、ラップをしいた器に移す。
3. 2のフライパンをペーパータオルでふいてサラダ油を熱し、玉ねぎを炒め、しんなりしたら鶏肉、ピーマンを加え、さらにご飯、ケチャップを加えてなじむように炒める。
4. 2の上に3をのせ、オムレツ形に成形する。

3〜5歳

主食レシピ（めん・パン）

めんをすする力もつき、食べるのが上手になってきます。
パンは、一度に口に入れてのどにつめないよう、注意しましょう。

具だくさんのソースが決め手

ミートソーススパゲティ

【材料（作りやすい分量・5人分）】

スパゲティ（乾）……60g（1人分）
合いびき肉……200g
玉ねぎ……1/4個
セロリ……1/4本
にんにく……小1かけ
にんじん……1/4本
トマト水煮缶……1缶
オリーブ油……大さじ1
水……3/4カップ
ケチャップ……大さじ2
塩・こしょう……各少々
粉チーズ……適量
パセリのみじん切り……少々

【作り方】

1. スパゲティは塩ゆでする。玉ねぎ、セロリ、にんにくはみじん切りにする。にんじんはすりおろす。
2. フライパンにオリーブ油、にんにくを入れて弱火で炒め、にんにくが色づいたら、玉ねぎ、セロリ、にんじんを加えて炒め、合いびき肉を加えてポロポロになるまで炒める。
3. 2に水とトマト水煮をつぶしながら入れ、ケチャップを加えて煮つめたら、塩、こしょうで味をととのえる。
4. スパゲティを器に盛り、3の1/5量をかけ、粉チーズ、パセリをふる。

手で持ってかぶりつくのが楽しい

ロールパンのホットドッグ

【材料（1人分）】

ロールパン……2個
ソーセージ……2本
キャベツ……30g
バター……小さじ1
マヨネーズ……小さじ1
ケチャップ……適量

【作り方】

1. ソーセージは切れ目を入れてサッとゆで、キャベツはゆでてせん切りにする。パンは切れ目を入れ、常温でやわらかくしたバターを塗る。
2. キャベツをマヨネーズで和えたものを、パンにはさみ、さらにソーセージをのせてケチャップをかける。

キャベツはゆでてマヨネーズで和えて、食べやすく調理しましょう。

おかずパンの定番

ピザトースト

【材料（1人分）】

食パン（6枚切り）……1枚
ハム……1枚
ピーマン……1/2個
ピザ用ソース……小さじ2
ピザ用チーズ……20g

【作り方】

1. ハム、ピーマンは細切りにする。
2. パンにソースを塗り、1をのせ、チーズを散らしてトースターでこんがり焼く。

ピーマンが苦手な場合は細かく刻んでのせましょう。

一品料理でも栄養のバランスよく

タンメン風煮込みラーメン

【材料（1人分）】

中華めん（生）……50g
キャベツ……20g
にんじん……10g
にら……1本
もやし……10g
サラダ油……小さじ1
鶏がらスープ……3/4カップ
みそ……大さじ1/2
煮豚（市販のもの）……15g

【作り方】

1. めんはゆでておく。キャベツ、にんじんは細切り、にらはざく切りにする。もやしはひげ根を取る。
2. 鍋にサラダ油を熱し、1の野菜を炒める。野菜がしんなりしたら、鶏がらスープを加えてみそを溶き、めんを加えひと煮立ちさせる。
3. 器に盛り、食べやすく切った煮豚をのせる。

ツルツル食感とさっぱり味が夏にぴったり

冷やし中華

【材料（1人分）】

中華めん（生）……50g
トマト……1/4個
きゅうり……1/4本
ハム……15g
卵……1/2個分
塩……少々
サラダ油……少々
A　ポン酢しょうゆ……大さじ1
　　ねりごま……小さじ1

【作り方】

1. めんはゆでて冷水にとってしめる。トマトは薄切り、きゅうりはせん切り、ハムは細切りにする。
2. ボウルに卵を溶きほぐし、塩を加えて混ぜ合わせる。フライパンにサラダ油を熱し、卵液を入れて薄く焼き、冷めたら細切りにする。
3. めんを器に盛り、トマト、きゅうり、ハム、2をのせ、混ぜ合わせたAをかける。

3~5歳

主菜レシピ(肉類)

乳歯が生え揃い、かたい肉の繊維も噛み切れるようになります。
揚げたり煮たりして、いろいろな食感を楽しみましょう。

おべんとうに入れても食べやすい

鶏のから揚げ

【材料(作りやすい分量・3人分)】

鶏もも肉		150g
A	しょうゆ	大さじ1/2
	酒	小さじ1
	しょうが汁	少々
	おろしにんにく	少々
片栗粉		適量
揚げ油		適量

【作り方】

1. 鶏肉はひとくち大のそぎ切りにし、Aに15分ほど漬けておく。
2. 1の汁気を軽く切って片栗粉をまぶし、170℃の揚げ油でカラッと揚げる。

鶏肉はひとくち大のそぎ切りにすると食べやすく、揚げ時間も短くすみます。

薄くて食べやすい肉をさっぱり味で

豚しゃぶのごまだれ和え

【材料(1人分)】

豚しゃぶしゃぶ用薄切り肉		50g
きゅうり		1/4本
トマト		1/6個
A	白すりごま	小さじ1
	砂糖	小さじ1/4
	しょうゆ	小さじ1
	だし汁	大さじ1

【作り方】

1. 豚肉は熱湯でゆでてざるにあげ、ひとくち大に切る。きゅうりはせん切り、トマトは薄切りにする。
2. 器にきゅうり、トマトを盛り、その上に豚肉をのせて混ぜ合わせたAをかける。

よりやわらかい食感がいい場合は、ロース肉を使いましょう。

191kcal

星のような切り口がかわいい

オクラの肉巻き

オクラは塩をまぶして全体を軽くこすると産毛が取れ、色鮮やかになり、口当たりもよくなります。

【材料(1人分)】

豚しゃぶしゃぶ用薄切り肉……50g
小麦粉……少々
オクラ……3本
サラダ油……小さじ1
A しょうゆ・みりん・水・酒……各小さじ1

【作り方】

1. 豚肉を広げ、小麦粉をふり、産毛を取ったオクラを巻く。
2. フライパンにサラダ油を熱し、1の巻き終わりを下にして焼きはじめ、周囲に焼き色がついたら、蓋をして蒸し焼きにする。
3. 水気を飛ばし、Aを加えて味をからめる。

電子レンジでボリュームおかずが簡単に！

ミートローフ

【材料(作りやすい分量・3人分)】

合いびき肉……150g
ミックスベジタブル……40g
パン粉……1/4カップ
牛乳……大さじ2
塩……小さじ1/5
ケチャップ・ウスターソース……各大さじ1/2

【作り方】

1. 合いびき肉、パン粉、牛乳、塩をよく混ぜ、ミックスベジタブルを加えてさらに混ぜる。
2. 1をラップにのせ、10～12cm長さの円柱状にまとめてラップで全体を覆う。
3. 耐熱容器に2をのせ、竹串で4～5カ所穴をあけて電子レンジで5分加熱する。上下を返し、1分半加熱したら、そのまま10分おいて余熱で火を通す。
4. 3を食べやすく切って、ケチャップとソースを混ぜ合わせたものを添える。

141kcal

145kcal

ご飯のお供にぴったり

牛すき煮

【材料(1人分)】

牛もも薄切り肉……50g
玉ねぎ……1/8個
小松菜……1株
だし汁……1/2カップ
A しょうゆ・砂糖・みりん……各小さじ1

牛肉は煮すぎるとかたくなります。サッと入れて味を含ませるくらいで仕上げましょう。

【作り方】

1. 牛肉は食べやすい大きさに切って熱湯でサッとゆでる。玉ねぎは5mm幅に切り、小松菜はゆでて水にさらし、水気を切って2cm長さに切る。
2. 鍋にだし汁、Aを入れて温め、さらに玉ねぎを入れ、やわらかくなったら、牛肉、小松菜を加えて味を含ませる。

主菜レシピ(魚類)

4～5歳くらいになると、自分で骨を取り除いて食べられるように。
骨までまるごと食べられるメニューにもトライしましょう。

和食の定番メニューにトライ

さばのみそ煮

【材料(1人分)】

さば(切り身)		50g
A	水	1/2カップ
	酒・砂糖	各大さじ1/2
	しょうゆ	小さじ1/2
しょうがの薄切り		1～2枚
みそ		小さじ1/2
キャベツ		20g

【作り方】

1. さばは食べやすい大きさに切る。
2. 鍋にA、しょうがを入れ、煮立ったら、1を皮を上にして入れ、落とし蓋をする。
3. 再度煮立ったら火を弱め、さばにときどき煮汁をかけながら、さらに煮る。仕上げにみそを煮汁で溶かしながら加える。
4. 3を器に盛り、ゆでて食べやすい大きさに切ったキャベツを添える。

しょうがとみその風味で魚のくさみが抑えられます。

バター風味が食欲をそそる

さけのムニエル

【材料(1人分)】

生ざけ(切り身)	50g
塩	適量
こしょう	少々
小麦粉	適量
バター	適量
じゃがいも	1/2個
牛乳	大さじ1

【作り方】

1. さけは食べやすい大きさに切る。塩少々、こしょうをふり、小麦粉を薄くまぶす。
2. フライパンにバター小さじ1を溶かし、1の両面を焼く。
3. じゃがいもはゆでてつぶし、熱いうちに牛乳、バター小さじ3/4、塩少々を加えて混ぜてなめらかにする。
4. 2を器に盛り、3を添える。

丸ごと食べてカルシウムを補給

わかさぎのチーズ風味揚げ

264kcal

【材料(1人分)】

わかさぎ……3尾
小麦粉……小さじ1
粉チーズ……小さじ1
揚げ油……適量
青のり……適量
さつまいも……30g

【作り方】

1. わかさぎに小麦粉、粉チーズをまぶして170℃の揚げ油で揚げ、青のりをふる。
2. 1を器に盛り、スティック状に切って150℃で素揚げしたさつまいもを添える。

粉チーズをカレー粉に替えてもおいしくなります。

サクサクの食感を楽しみたい

白身魚のフライ

パプリカを型で抜くとかわいく演出できます。

【材料(1人分)】

白身魚(切り身)……50g
塩……少々
小麦粉・溶き卵・パン粉……各適量
揚げ油……適量
パプリカ(赤)……1/4個

【作り方】

1. 白身魚は食べやすい大きさに切る。
2. 1に塩をふり、小麦粉、卵、パン粉の順に衣をつけて170℃の揚げ油で揚げる。
3. 2を器に盛り、食べやすい大きさに切って素揚げしたパプリカを添える。

143kcal

124kcal

甘じょっぱいたれがたまらない

あじの蒲焼き

【材料(1人分)】

あじ(三枚おろし)……50g
小麦粉……適量
サラダ油……小さじ1
A しょうゆ……小さじ1
A 砂糖・みりん……各小さじ1/2
A 水……小さじ2

【作り方】

1. あじは小骨を取り除き、小麦粉を薄くまぶしておく。
2. フライパンにサラダ油を熱し、1の両面を焼き、取り出す。
3. フライパンをペーパータオルでふき、Aを加えて煮つめたら2を戻し、煮からめる。

いわしやさんまを使ってもOK。3歳くらいまでは皮を取り除いてあげるといいでしょう。

3～5歳

★主菜レシピ 魚類

3~5歳

副菜レシピ

やわらかい葉ものだけでなく、噛み応えのある根菜類などにもチャレンジ。
噛むほどにうまみが出てくる、きのこ類や海藻類も積極的に摂るようにしましょう。

ボリューム感のある満足おかず

白菜のクリーム煮

【材料(1人分)】

白菜……40g
ツナ(水煮缶)……大さじ1
サラダ油……小さじ1/2
牛乳……1/3カップ
オイスターソース……小さじ1/3
水溶き片栗粉……小さじ1

【作り方】

1. 白菜は、細切りにする。
2. フライパンにサラダ油を熱し、1をサッと炒め、油が回ったら牛乳、オイスターソースを加えて煮る。
3. 2に水気を切ったツナを加え、水溶き片栗粉でとろみをつける。

白菜はサッと炒めてから煮ることで、甘みが増します。

薬味の風味が食欲をそそる

わかめのナムル

【材料(作りやすい分量・3人分)】

わかめ(戻したもの)……50g
パプリカ(赤)……1/4個
長ねぎ……5cm
ごま油……小さじ1
にんにく・しょうがのみじん切り……各少々
酒……大さじ1/2
しょうゆ……小さじ1
水……大さじ1
塩……少々
白すりごま……少々

【作り方】

1. わかめはひとくち大に切る。パプリカは細切り、ねぎはみじん切りにする。
2. 鍋にごま油を熱し、にんにく、しょうが、ねぎをサッと炒め、わかめ、パプリカを加えてさらに炒める。
3. 2に酒、しょうゆ、水を加えて炒りつける。塩で味をととのえ、ごまをふる。

ささみを入れてボリュームアップ
コールスローサラダ

【材料(作りやすい分量・3人分)】
キャベツ……100g
鶏ささみ……小1本(30g)
酒……大さじ1
コーン(缶詰)……20g
マヨネーズ
……大さじ1と1/2

ささみは加熱しすぎるとかたくなるので気をつけましょう。

【作り方】
1. キャベツは、ゆでてせん切りにする。
2. ささみは酒をふり、ラップをして電子レンジで1分加熱し、繊維を断つように細かく切る。
3. 1、2、コーンを合わせ、マヨネーズを加えて和える。

甘めの味付けで食べやすい
小松菜のピーナツ和え

【材料(作りやすい分量・3人分)】
小松菜……100g
ピーナツバター
……大さじ1
しょうゆ・砂糖
……各大さじ1/4

ピーナツバターを使えば、簡単にピーナツ和えが作れます。

【作り方】
1. 小松菜はゆでて水にさらし、水気を切って2㎝長さに切る(ゆで汁は取っておく)。
2. ピーナツバターをゆで汁小さじ2でのばし、しょうゆ、砂糖と合わせ、1を加えて和える。

中華風のさっぱり味で
春雨ときゅうり、ハムのサラダ

【材料(1人分)】
春雨(戻したもの)
……50g
きゅうり……30g
ハム……1/2枚
A ごま油・だし汁
……各小さじ1
A しょうゆ……小さじ1/2
A 酢……小さじ2/3
A 砂糖・塩……各少々

【作り方】
1. 春雨は2～3㎝長さに切り、きゅうり、ハムはせん切りにする。
2. 1を合わせ、Aを加えて和える。

春雨はある程度の長さを残して、ツルツル感を楽しんで。

いつもの野菜を和風にアレンジ

トマトのごま和え

【材料(1人分)】

トマト……1個

A
- 黒すりごま……大さじ1と1/2
- しょうゆ……小さじ1
- 砂糖……少々

【作り方】

1. トマトはさいの目に切る。
2. 1にAを加えて和える。

ごまは和える直前にすりこぎですると、香ばしさが格段にアップします。

バラエティーに富んだ食感がうれしい

マセドニアンサラダ

【材料(1人分)】

きゅうり……1/4本
塩……少々
大豆(水煮缶)……20g
コーン(缶詰)……10g
ドレッシング(市販のもの)……小さじ1

【作り方】

1. きゅうりはさいの目に切り、塩をふってしんなりさせ、水気を切る。
2. 1、大豆、コーンを合わせ、ドレッシングを加えて和える。

じゃがいもやトマトなどをさいの目に切って混ぜても、おいしくなります。大豆は3歳くらいまでは細かく刻んであげましょう。

秋の定番メニューに加えたい

里いも煮

【材料(作りやすい分量・3人分)】

里いも……150g
サラダ油……小さじ2
だし汁……3/4カップ
砂糖・しょうゆ……各小さじ1
塩……少々
かつお節……4g

【作り方】

1. 里いもは5mm厚さのいちょう切りにし、水にさらしてからゆでてざるにあげる。
2. 鍋にサラダ油を熱し、1を炒め、全体に油が回ったらだし汁を加えてやわらかくなるまで煮る。
3. 2に砂糖、しょうゆ、塩を加えて汁気がなくなるまで煮たら、かつお節をまぶす。

いちょう切りにすることで食べやすく、また火が通りやすくなります。

まろやかな味わいがたまらない

ブロッコリーとうずら卵のサラダ

【材料(1人分)】

ブロッコリー	2房
うずら卵(水煮)	2個
マヨネーズ	小さじ1

【作り方】

1. ブロッコリーはゆでて小さく切る。うずら卵は半分に切っておく。
2. 1にマヨネーズを加えて和える。

刻み玉ねぎを加えて、辛みをプラスすれば大人向けにも。

洋風料理のつけ合わせにおすすめ

きのこのソテー

【材料(1人分)】

しいたけ	2枚
エリンギ	小1本
オリーブ油	小さじ1
塩	少々
粉チーズ	小さじ1

【作り方】

1. しいたけは、かさの部分のみ短冊切り、エリンギは小さめの短冊切りにする。
2. フライパンにオリーブ油を熱し、1を炒める。塩で味をととのえ、粉チーズをふる。

チーズをふることで風味がアップし、きのこが苦手な子も食べやすくなります。

のりの風味が子どもに人気

ほうれん草の磯辺和え

【材料(1人分)】

	ほうれん草	40g
	のり	1/4枚
A	しょうゆ	小さじ1/2
A	だし汁	小さじ1

【作り方】

1. ほうれん草は、ゆでて水にさらし、水気を切って2〜3cm長さに切る。
2. 1にちぎったのり、Aを加えて和える。

だし汁と和えることで塩分を抑え、うまみの濃い味わいになります。

3〜5歳 ★副菜レシピ

3~5歳

汁ものレシピ

水分と塩分を一緒に摂ることができる汁ものは、活動量が多く、
汗をたくさんかくこの時期にはおすすめです。

根菜たっぷりで体がホカホカ

豚汁

【材料(作りやすい分量・4杯分)】

豚こま切れ肉……50g
大根……2cm
にんじん……2cm
長ねぎ……1/4本
里いも……小1個
ごま油……小さじ1
だし汁……3カップ
みそ……大さじ1と1/2

【作り方】

1. 豚肉は1cm幅に切り、大根、にんじんは短冊切り、ねぎは小口切り、里いもはいちょう切りにする。
2. 鍋にごま油を熱し、野菜を加えて炒め、全体に油が回ったら、だし汁を加えて野菜がやわらかくなるまで煮る。
3. 2に豚肉を加え、火が通ったら、あくを取り、みそを溶き入れる。

あくをていねいに取ると上品な味に仕上がります。

ツルッとしたのどごしで食が進む

春雨スープ

【材料(作りやすい分量・2杯分)】

春雨(戻したもの)……30g
白菜……小1枚
豚ひき肉……50g
長ねぎのみじん切り……少々
水……1と1/2カップ
鶏がらスープの素……小さじ1
塩……少々

【作り方】

1. 春雨は2～3cm長さに切り、白菜はせん切りにする。
2. 鍋に水、鶏がらスープの素を入れて温め、1を加えてひと煮する。
3. 豚肉に水大さじ1(分量外)、ねぎを加えて混ぜてひとくち大に丸め、2に加える。火が通ったら、塩で味をととのえる。

白菜は中心に近い部分のほうがやわらかくて甘いので、幼い子どもにおすすめです。

サラダ感覚で食べたい

せん切り野菜スープ

【材料(1人分)】

にんじん……10g
セロリ……10g
キャベツ……10g
水……1/2カップ
顆粒コンソメ……小さじ1/4
塩・こしょう……各少々

【作り方】

1. にんじん、セロリ、キャベツはせん切りにする。
2. 鍋に水、コンソメを入れて温め、1を入れて煮る。塩、こしょうで味をととのえる。

せん切りにすることで、セロリのような香味野菜も食べやすくなります。

たんぱく質がしっかり摂れる

いわしのつみれ汁

【材料(作りやすい分量・3杯分)】

いわし……1尾
片栗粉……小さじ1
しょうが汁……少々
大根……30g
えのき……20g
だし汁……1と1/2カップ
しょうゆ……小さじ1/2
塩……少々
青ねぎ……少々

【作り方】

1. いわしは、手開きして皮と骨を取り除く。すりつぶしてペースト状にし、片栗粉、しょうが汁を混ぜる。
2. 大根は短冊切り、えのきは2cm長さに切る。
3. 鍋にだし汁を温め、大根を入れ、1をひとくち大に丸めて加え、火が通ったらえのきを加える。しょうゆと塩で味をととのえる。
4. 1/3量を器に盛り、ねぎを散らす。

和食に添えたい定番の汁もの

大根とわかめのみそ汁

【材料(1人分)】

大根……30g
麩……2個
カットわかめ(戻したもの)……少々
だし汁……1/2カップ
みそ……小さじ1弱

【作り方】

1. 大根は短冊切りにし、麩は戻しておく。
2. 鍋にだし汁、大根を入れて温め、大根が煮えたら、麩とわかめを加え、みそを溶き入れる。

だしをしっかりとっていれば、みそは少なくてもおいしく仕上がります。

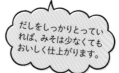

3~5歳

おやつレシピ

1回に食べられる量が増えてくるので、おやつの食べすぎに注意。
食事に影響が出ないよう、配慮しましょう。

シャリシャリ感が気持ちいい

いちごヨーグルトアイス

【材料(作りやすい分量・2人分)】

いちご……150g
練乳……大さじ1
プレーンヨーグルト
……1/4カップ

【作り方】

1. いちごはヘタを取って粗くつぶし、練乳、ヨーグルトとよく混ぜる。
2. 1を冷凍庫で冷やし固める。

慣れ親しんだ食材の、いつもと違う食べ方です。いちごの甘さに応じて練乳の量を調節しましょう。

素朴な味がくせになる

じゃがいももち

【材料(作りやすい分量・4個分、1人分の目安・2個)】

じゃがいも
……中1個(135g)
片栗粉……大さじ1
砂糖……大さじ1/2
サラダ油……少々
A しょうゆ・砂糖・みりん
……各大さじ1
A 水……大さじ2

【作り方】

1. じゃがいもは、皮をむいてひとくち大に切り、鍋に入れてひたひたの水を加えてゆでる。じゃがいもがやわらかくなったら湯を捨て、再び弱火にかけて水分を飛ばし、熱いうちにつぶして片栗粉、砂糖を加えてよく混ぜ合わせる。
2. 1を4等分に丸め、1㎝厚さの円形にして表面に片栗粉少々(分量外)を薄くまぶす。フライパンにサラダ油を熱し、両面をこんがりと焼く。
3. 鍋にAを入れてひと煮立ちさせ、2に塗る。

パリパリ感と香ばしい香りが魅力

焼きおにぎり

【材料(1人分)】

ご飯		100g
A	かつお節	1g
	しょうゆ	小さじ1/2

【作り方】

1. ご飯にAを混ぜ合わせる。食べやすい形に成形し、トースターでこんがりと焼く。

腹もちのいいおにぎりは小腹がすいたときにぴったりです。

ビタミンカラーで元気が出る

トマトオレンジゼリー

【材料(作りやすい分量・ゼリー型4個分、1人分の目安・1個)】

オレンジ	1個
粉ゼラチン	5g
トマトジュース(食塩不使用)	1/2カップ
オレンジジュース(果汁100%)	1/2カップ
はちみつ	大さじ1

【作り方】

1. オレンジは半分に切って、片方は果肉を取り、もう片方は果汁をしぼる。粉ゼラチンは、水大さじ2(分量外)でふやかしておく。
2. オレンジの果肉・果汁、トマトジュース、オレンジジュース、はちみつをよく混ぜる。
3. ふやかしたゼラチンは、ラップをせずに電子レンジで20秒加熱し、2に加えて混ぜる。
4. 3を型に流し入れ、冷蔵庫で冷やし固める。

さつまいもにひと手間かけて

いもけんぴ

【材料(作りやすい分量・4人分)】

さつまいも		120g
揚げ油		適量
A	砂糖	大さじ3弱
	水	大さじ1
ごま油		少々
黒いりごま		適量

【作り方】

1. さつまいもは、斜め7〜8mm厚さ、幅7〜8mmの棒状に切って水にさらす。
2. 1を150℃の揚げ油で素揚げする。
3. 鍋にAを煮立たせ、2を加えてからめ、ごま油を塗ったバットに広げてごまをふる。

満腹感が高く、食物繊維も摂れるおやつです。

3〜5歳

大人料理のアレンジレシピ

ほぼ大人と同じ料理が食べられるようになりますが、
まったく同じではなく、ほんのちょっと手を加えるだけで、ぐんと食べやすくなります。

大人レシピ

ロールキャベツ

【材料(大人2人分＋子ども1人分)】

合いびき肉	250g
キャベツ	大2枚半
玉ねぎ	1/4個
にんじん	2㎝
パン粉	大さじ4
水	2カップ
顆粒コンソメ	小さじ2
塩・こしょう	各適量
粒マスタード	少々

【作り方】

1. キャベツは芯の部分をそぎ切りにして取り除き、ゆでる。玉ねぎとにんじんはみじん切りにする。
2. ボウルに合いびき肉、玉ねぎ、にんじん、パン粉を入れ、塩、こしょう各少々を加えて練り混ぜる。子ども用に50gを取り分けた後、2つの俵形にまとめてそれぞれをキャベツ1枚ずつで包む。
3. 鍋に2を入れ、水、コンソメを加え、落とし蓋をして煮る。塩、こしょう各少々で味をととのえる。器に盛り、粒マスタードを添える。

主菜 ロールキャベツグラタン

アレンジ2

耐熱容器に子ども用のロールキャベツを食べやすい大きさに切り分けて入れ、ホワイトソース大さじ2、ピザ用チーズ5gをのせ、トースターで表面に焼き目がつくまで焼く。

主菜 子どもロールキャベツ

アレンジ1

取り分けたキャベツ1/2枚は半分に切る。取り分けた肉だねは2つの俵形にまとめて、それぞれをキャベツで包んで大人用のロールキャベツと一緒に煮込む。器に盛り、ケチャップ少々を添える。

主菜 えびのケチャップ煮

アレンジレシピ

フライパンに子ども用に取り分けたえび、ねぎ、混ぜ合わせたAの1/3量を入れ、煮からめる。

大人レシピ

えびのチリソース煮

【材料(大人1人分+子ども1人分)】

えび	15尾
長ねぎ	1/2本
酒	小さじ2
サラダ油	小さじ2
A ケチャップ	大さじ1
A 鶏がらスープ	1/4カップ
A 砂糖	少々
A 片栗粉	小さじ1/4
豆板醤	少々

【作り方】

1. えびは背わたを取り除いて殻をむき、酒をふってよく混ぜる。ねぎはみじん切りにする。
2. フライパンにサラダ油を熱し、ねぎを炒め、しんなりしたらえびを加えて炒める。
3. えびが赤くなったら、子ども用に5尾とねぎ少々を取り分ける。大人用10尾に、混ぜ合わせたAの2/3量に豆板醤を入れたものを加えて煮からめる。

主食+主菜 子ども親子丼

アレンジレシピ

子ども用の鶏肉は、小さめに切って片栗粉少々をまぶす。鍋に取り分けた汁を温め、鶏肉、玉ねぎを入れて煮る。火が通ったら卵2/3個分を回し入れて、三つ葉を散らす。ご飯120gの上に盛る。

大人レシピ

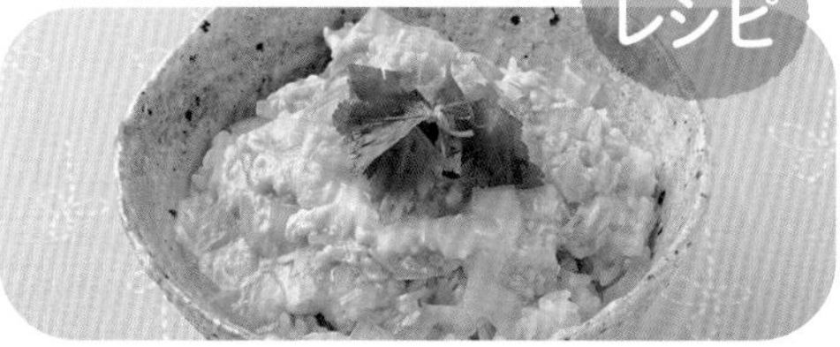

親子丼

【材料(大人1人分+子ども1人分)】

ご飯	320g
鶏むね肉	150g
玉ねぎ	1/2個
溶き卵	2個分
三つ葉	5本
だし汁	1と1/2カップ
しょうゆ・みりん	各大さじ1

【作り方】

1. 鶏肉は食べやすい大きさに切り、玉ねぎは1cm角に、三つ葉は2cm長さに切る。子ども用に鶏肉50g、玉ねぎ1/6個分、三つ葉1本分を取り分ける。
2. 鍋にだし汁、しょうゆ、みりんを合わせて煮立てたら、子ども用に1/3量を取り分ける。残りの汁に鶏肉と玉ねぎを加えて、あくを取りながら煮る。
3. 鶏肉、玉ねぎに火が通ったら、卵1と1/3個分を中心から外側に向かって回し入れ、半熟状になったら三つ葉を散らして火を止める。
4. ご飯200gの上に3を盛る。

column

子どもを肥満にさせないために

油分や糖分を摂りすぎる食生活を続けていると、
肥満になったり、将来は生活習慣病になったりしてしまう可能性があります。
子どもと一緒に正しい食習慣について学びましょう。

量よりも栄養のバランスを考えて

肥満とは、摂取エネルギーが消費エネルギーを上回り、余った分が体脂肪としてたまった状態をさします。子どもが多少ぽっちゃりしていたり、おなかが出ていたりしても、母子健康手帳の幼児身体発育曲線のカーブを大きくはずれていなければ、肥満とは診断されません。体重が増えることより、心配なのは体脂肪をためる食生活です。

現代の生活は家族ともども、栄養バランスが偏りがちです。丼物ひとつで野菜が少なく、汁ものもない、ということはありませんか？　食事前後のお菓子やジュース、甘いものなども、それだけでカロリーオーバー。夕食を摂らない原因にもなります。

逆に、栄養バランスがとれていれば、食事の量が多くてもそれほど心配はいりません。まずは、主食（ご飯・パン・めん）と主菜（肉・魚・大豆・卵）、副菜（野菜・きのこ・いも・海藻）の3つを組み合わせるように心がけてみましょう。それだけでも、バランスがだいぶよくなるはずです。

偏った食習慣が肥満を招く

ほかにも、市販のお菓子など子どもが好む味には、カロリーが高く、糖分や塩分が多いものがほとんどです。このようなものばかり食べる食事が習慣づいてしまうと、大人になっても脂肪を蓄える体質になりがち。生活習慣病予防と考えて、なるべく手作りし、バランスよい献立を考えてあげましょう。

また、不規則な食事、だらだら食べも「食事に満足した」という感覚がつきにくくなるので、気をつけましょう。

NG こんな食生活に注意！

今から食習慣を見直して、肥満にならないよう心がけましょう。

- □炒め物、揚げ物などの油っこい食事が多い
- □外食が多い
- □甘い飲み物をよく飲む
- □市販のお菓子を袋ごと食べる
- □夕食後におやつを食べる
- □食事の時間が不規則
- □テレビやスマートフォン、タブレットを見ながら食事をする

Part 3

体と脳の発達につながる しっかり噛んで食べるレシピ

食べ物をしっかり「噛む」ことは
体の成長だけでなく、脳の発達にもつながります。
噛む力を育てる献立で、
今からしっかり噛んで食べる習慣をつけましょう。

脳やあごの発達にもつながる

よく噛むと、いいことがいっぱい

食べ物をしっかりと噛む習慣をつけることは
健康な体を作る大切なポイント。
食材選びや調理の仕方を工夫し
毎日の食事のなかで、噛む力を育てましょう。

よく噛んで食べる習慣が体を発達させ、好き嫌いを減らす

よく噛んで食べることは、体の成長にもつながります。たとえば、食べ物を噛むことで出てくる唾液《だえき》は消化・吸収を助けるだけでなく、むし歯を防ぐ力があります。また、しっかりと噛むことで、あごの骨が発達し、歯並びがよくなるといわれているほか、さまざまな食感の食べ物を噛むと脳への刺激が増え、脳の発達を促進。さらに、噛む力がついて多くの食材が食べられるようになると、好き嫌いが減るというメリットもあります。

“噛む”ことのメリット

❶むし歯を防ぎ、歯並びを改善
噛むことで出る唾液の酵素がむし歯を防ぎ、あごの骨が発達。永久歯がきれいに並ぶスペースができます。

❷脳を活性化し、発達を促す
多様な形や歯応えの食べ物をしっかりと噛むことで、脳が活性化。脳の発達が促されます。

❸好き嫌いを減らす
子どもは、噛みにくい食材を嫌う傾向が。しっかりと噛めるようになれば、苦手な食材も少なくなります。

楽しみながら練習することで噛む力が育っていく

しかし、幼児期の子どもは、まだ上手に食べ物を噛むことができません。歯の生え具合によって食べられるものが異なるため、歯の発達に合わせて、少しずつ噛む練習をすることが必要となります。噛む力を育てるというと、かたいものを食べるというイメージがありますが、重要なのは、多様な食感を経験させること。食材や切り方、調理の仕方を工夫し、噛む力を育てる献立を心がけましょう。また、リラックスして楽しく食事をすることも大切。緊張すると唾液が出にくくなることもあるので、楽しく食事をしながら、噛む力をサポートしていきましょう。

噛む練習に取り入れたい食材

これらの食材を使うことで、噛む力を育てるメニューができあがります。
誤嚥しやすいものについては、3歳以降もよく噛むように促しましょう。

豆類
誤嚥《ごえん》を防ぐため、3歳以下の子どもには刻んでから調理を。

きのこ類
繊維が多いので、細かく刻んであげると食べやすくなります。

根菜類
薄切りやせん切りにするか、やわらかくなるまで加熱しましょう。

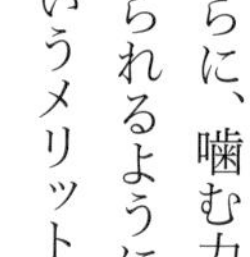

青菜
小松菜やほうれん草のほか、かぶの葉を細かく刻むのもおすすめ。

フルーツ
りんごやパイナップルなど子どもが好きな果物を活用して。

小魚
ししゃもやちりめんじゃこは、噛み応えがありカルシウム豊富。

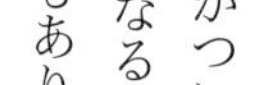

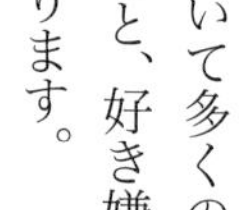

噛む力を育てる4つのポイント

素材の味を生かしつつ ときには子ども好みの味に

噛めば噛むほどうまみが出るなど、噛んだときのおいしさを体験すると、噛むことが楽しくなります。だしを利かせたり、野菜の甘みや肉・魚のうまみを利用したりするといいでしょう。噛みにくい根菜類などは、子どもの好きな味にすると食べやすくなります。

根菜類は繊維が多く、噛みにくいのでマヨネーズなどを加えても。

定食スタイルの献立で 食材&食感にバリエーションを

主食、主菜、副菜、汁ものが揃った定食スタイルの献立は1食に盛り込む食材の種類が多く、さまざまな食感を体験できるので、噛む練習にぴったり。なるべく、うどんや丼もの、スパゲティといった一皿メニューだけの日が続かないよう心がけましょう。

料理の品数が増えると、食材と食感にバリエーションが生まれます。

おやつの時間には 歯応えのあるものをセレクト

おやつも、噛む力を育てる大切な時間。せんべい、ドライフルーツ、ナッツ類といった噛み応えのあるものや、りんご、干しいも、とうもろこしなど、楽しみながら噛んで食べられるものをプラスすると、噛む練習になります。ホットケーキにも、せん切りにしたにんじんをプラスするなど工夫して。

かたいせんべいや、噛み応えのあるナッツ類は、噛む練習に最適。

歯の発達に合わせて 切り方や加熱時間をひと工夫

調理の目安は、無理なく噛めるやわらかさ。歯の発達に合わせて、根菜類は細かく刻む、繊維質の野菜は繊維を断つように切るなど切り方を工夫しましょう。また、野菜は加熱するほどやわらかくなりますが、肉や魚はかたくなることもあるので注意が必要です。

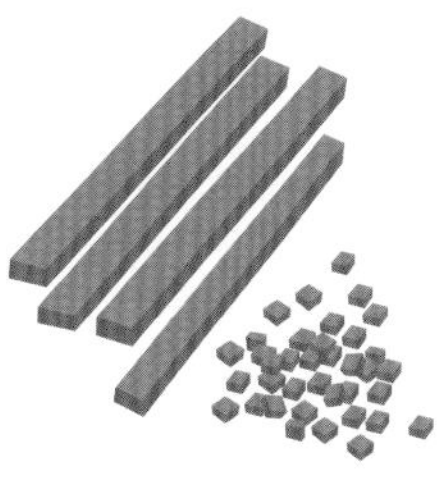

にんじんは細かく刻むか、手づかみしやすいようスティック状に。

噛む力サポートレシピ
1～1歳半

この時期は奥歯が生えておらず、
食材を歯ぐきですりつぶしています。
ほっぺたが動いているか、
しっかりチェックしましょう。

副菜
カラフルな見た目が食欲をそそる
なすとパプリカ、ピーマンのみそ炒め

【材料(1人分)】

	なす	15g
	ピーマン	5g
	パプリカ(赤・黄)	各5g
	ごま油	小さじ1/2
	だし汁	小さじ1/5
A	みそ	小さじ1/3
A	砂糖	小さじ1/5
A	牛乳	大さじ1

【作り方】

1. なすは8mm角に切って、水にさらし、水気を切る。ピーマン、パプリカはへたと種を取り除き、2cm長さのせん切りにする。
2. フライパンにごま油を熱し、1を炒め、だし汁を入れたら蓋をして蒸し煮にする。
3. 2にAを加えて混ぜ、煮含めて汁気を飛ばす。

ピーマンの苦みが苦手な場合は、細かく刻むなど切り方を工夫してみましょう。

おやつ
2つの異なる食感を楽しめる
カリカリいりことおさつバター

【材料(1人分)】

いりこ	5g
さつまいも	30～40g
バター	少々

【作り方】

1. フライパンを熱し、いりこを軽く炒る。
2. さつまいもは7mm厚さのいちょう切りにし、水にさらして水気を切り、ラップに包んで電子レンジで1分30秒加熱する。
3. フライパンにバターと2を入れ、からめる。
4. 1、3を器に盛る。

さつまいもの皮が苦手な場合は、加熱後にむいてあげて。

主食

いつものトーストにひと工夫

チーズ&きな粉トースト

【材料(1人分)】

食パン(8枚切り)……1枚

A マヨネーズ……小さじ1/2
　粉チーズ……小さじ1/2

B きな粉……小さじ2
　バター・砂糖・白ごま……各少々

【作り方】

1. 食パンは食べやすい大きさに切る。
2. A、Bそれぞれを混ぜ合わせ、1に塗る。
3. 2をトースターで軽く焼く。

食パンは焼きすぎるとかたくなって食べにくいので、焼き加減に気をつけましょう。

おやつ

多めに作って冷凍しておくと重宝

小松菜とにんじんのヨーグルトパンケーキ

【材料(1人分)】

ホットケーキミックス……25g
小松菜(葉)……5g
にんじん……5g
溶き卵……少々
プレーンヨーグルト……1/8カップ
砂糖……大さじ1/4
バター……少々

【作り方】

1. 小松菜はゆでて水にさらし、水気を切って細かく刻む。にんじんはせん切りにしてサッとゆでる。
2. ボウルにホットケーキミックス、卵、ヨーグルト、砂糖を入れてよく混ぜ、1を加えてサッと混ぜ合わせる。
3. フライパンにバターを溶かし、2を流し入れて丸く広げ、両面を焼く。

おやつ

大好きなじゃがいもをもちもち食感で楽しむ

しらすと青のりのじゃがいももち

【材料(1人分)】

じゃがいも……40〜50g
しらす干し……小さじ1
青のり……少々
片栗粉……大さじ1/2
塩……少々
サラダ油……少々

【作り方】

1. じゃがいもはゆでて、フォークの背でよくつぶす。
2. 1に片栗粉と塩を混ぜ、しらす干し、青のりを加えて混ぜ合わせ、2等分にして平たい丸形にする。
3. フライパンにサラダ油を熱し、2を焼き色がつくまで両面を焼く。

もちっとしたじゃがいもと歯応えのあるしらすの、異なる食感が楽しめます。

噛む力サポートレシピ
1歳半～2歳

奥歯で食べ物を噛むことができるようになる時期。丸飲みするクセがつかないよう、噛み応えのあるものを出すよう心がけて。

副菜

コロコロ野菜が噛む練習にぴったり

野菜のコロコロ&スティックのごま和え

【材料(1人分)】

いんげん	2本
にんじん	20g
白すりごま	小さじ1
だし汁	小さじ1
砂糖・しょうゆ	各少々

いんげんは、噛みにくいようなら切れ目を入れてあげて。

【作り方】

1. いんげんとにんじんはやわらかくゆでる。
2. いんげん1本は握りやすい長さに切り、もう1本は食べやすい大きさに切る。にんじんは握りやすい長さと食べやすい大きさに切る。
3. ごま、だし汁、砂糖、しょうゆを混ぜ合わせ、2を加えて和える。

主食

おにぎりにひと工夫して

おかかチーズおにぎり

【材料(1人分)】

ご飯	80g
プロセスチーズ	10g
かつお節	少々
焼きのり	少々

角切りにしたチーズを入れて、ご飯でも噛む練習を。

【作り方】

1. チーズは5mm角に切る。
2. ご飯に1、かつお節を混ぜ、俵形にして小さい四角形に切ったのりをつける。

主菜 カレーの香りが食欲をそそる

鶏ささみのカレー揚げ

【材料(1人分)】

鶏ささみ		1/2本
A	塩・カレー粉	各少々
A	小麦粉	適量
揚げ油		適量

【作り方】

1. ささみは筋を取り、食べやすいよう棒状に切る。
2. 1にAをまぶし、170～180℃の揚げ油でこんがりと揚げる。

ほぐれやすい鶏ささみは、肉を噛み切る練習にぴったりです。

副菜 適度な歯応えがたまらない

きゅうりポリポリ

【材料(作りやすい分量・4人分)】

きゅうり		1本
A	砂糖	小さじ1/4
A	しょうゆ	小さじ1/5
A	ごま油	小さじ1/10

【作り方】

1. きゅうりは4等分に切り、さらに縦4つ割りにし、サッとゆでる。
2. 1に混ぜ合わせたAをからめて30分ほどおく。

きゅうりは、サッとゆでることで噛み切りやすくなります。

おやつ マカロニが意外なお菓子に変身

マカロニかりんとう

【材料(1人分)】

マカロニ(乾)		15g
A	砂糖	小さじ1
A	しょうゆ	少々
A	水	小さじ1
揚げ油		適量
白すりごま・青のり		各少々

【作り方】

1. 170～180℃の揚げ油でマカロニをカリッと揚げる。
2. 耐熱容器にAを入れ、ラップをして電子レンジで40秒加熱し、1にからめる。
3. 2を2等分にして、お好みに合わせて、ごま、青のりを適量ふる。

マカロニは揚げてカリッとした食感に。

噛む力サポートレシピ 3〜5歳

乳歯が生え揃い、5歳くらいになると永久歯に生え変わる子どもも。噛まないと飲み込めない食材などを使って、噛む習慣をつけましょう。

おやつ

素朴な味わいがたまらない

野菜たっぷりクラッカー

【材料(作りやすい分量・4人分)】

ほうれん草		1/2株
にんじん		10g
玉ねぎ		10g
小麦粉		60g
ベーキングパウダー		小さじ1/2
A	オリーブ油	大さじ1と1/2
	水	大さじ1〜2
	塩	小さじ1/5〜1/4

【作り方】

1. ほうれん草はゆでて水にさらし、水気を切ってみじん切りにする。にんじんと玉ねぎはみじん切りにする。
2. ボウルに小麦粉とベーキングパウダーを合わせてふるい、Aを加え、さっくりと混ぜる。
3. 2に1を混ぜ合わせ、耳たぶくらいのかたさになるよう手でこね、ラップをして冷蔵庫で30分休ませる。
4. 3の生地を手で伸ばしてスティック状やリング、リーフ形などにして、トースターで、途中一度裏返しながら10〜15分焼く。

汁もの

具だくさんでボリューム満点

ひっつみ汁

【材料(1人分)】

小麦粉		20g
鶏もも肉		10g
小松菜		1株
しめじ		5g
長ねぎ		10g
にんじん		10g
水		大さじ1
だし汁		2/3カップ
A	しょうゆ	小さじ2
	塩	少々

2歳くらいまでは、しめじは細かく刻んであげるとよいでしょう。

【作り方】

1. 鶏肉は1.5cm角に切る。小松菜としめじは1cm長さに切る。ねぎは粗く刻む。にんじんはすりおろす。
2. 小麦粉ににんじんを混ぜ合わせ、水を加えてゆるめに練る。
3. 鍋にだし汁、鶏肉、小松菜、しめじ、ねぎを入れて煮て、野菜がやわらかくなったら2をスプーンで丸めながら落とし入れて煮る。Aで味をととのえる。

主菜 肉のうまみでアスパラのおいしさアップ！

肉巻きアスパラのソテー

【材料(1人分)】

グリーンアスパラガス……2本
牛薄切り肉……25g
小麦粉・塩……各少々
サラダ油……小さじ1/3

アスパラガスはかたい部分をしっかりむいて、噛み切りやすくします。

【作り方】

1. アスパラガスはハカマを取り除き、かためにゆでる。
2. 牛肉を広げて小麦粉をふり、1を芯にして巻く。
3. フライパンにサラダ油を熱し、巻き終わりを下にして2を入れる。全体を転がしながら焼いて塩をふり、3等分に切る。

副菜 納豆をたっぷりの野菜とともに

カラフル納豆

【材料(1人分)】

納豆……40g
大根……10g
にんじん……10g
きゅうり……10g
コーン(缶詰)……5g
しょうゆ……小さじ1/4
青のり……少々

【作り方】

1. 大根とにんじんはゆでて角切りにする。きゅうりも角切りにする。
2. 1、納豆、水気を切ったコーン、しょうゆ、青のりを混ぜ合わせる。

見た目がカラフルでバランスのとれた一品。いろいろな歯応えが楽しめます。

副菜 食感、風味のバラエティーが楽しめる

焼きとうもろこし&チーズ

【材料(1人分)】

とうもろこし……1/4本
きゅうり……10g
ベビーチーズ……2個(10g)
しょうゆ……少々

ピックを使うときは、子どもがケガをしないよう注意。3歳くらいまではピックは付けないようにして。

【作り方】

1. ゆでたとうもろこしにしょうゆを塗り、フライパンで焼き目をつける。
2. きゅうりは1cm幅の輪切りにする。チーズは三角と四角に切る。
3. 2をそれぞれひとつずつ、ピックに刺す。
4. 輪切りにした1と3を器に盛る。

column

むし歯を作らない食習慣を心がけよう

歯が生えてくるといろいろなものが食べられる半面、気になるのがむし歯。おやつが我慢できず、歯磨きを嫌がる時期と重なりますが、口内の環境を整える食習慣がむし歯にならない第一歩です。

乳歯のうちから むし歯には要注意

離乳食が終わる頃には、固形物を噛むための歯が次々に生えてきます。はじめは前歯を食後にガーゼで拭く程度だったのが、1〜2年で乳歯が生え揃うと、食後の歯磨きが必要になってきます。乳歯はいずれ生え変わりますが、むし歯があると、知らないうちに飲み込み食べが習慣づいてしまい、噛む力も発達しにくくなる傾向が。また、乳歯がむし歯になって歯ならびが悪くなると、次の永久歯の歯ならびに影響するともいわれています。

だらだら食べが 歯を溶かす!?

乳歯はエナメル質が薄く、永久歯よりむし歯になりやすいのが特徴です。むし歯にならないためには歯を磨くことのほか、甘いものを食べすぎない、だらだら食べさせないといったことも重要です。

食事をすると、口の中は酸性に傾き、歯のミネラルが溶け出してむし歯になりやすくなります。本来なら、唾液の力で中性に戻すシステムが備わっていて、歯を守ってくれます。ところが、ちょっとごはんをつまんでは遊び、少ししたらおやつ……といっただらだら食べは、口の中が酸性になる時間が多くなります。きちんと3食の時間を守り、甘いものはおやつの時間に与えるという意識をもちましょう。

もし毎食後の歯磨きが難しければ、食後に口をゆすぐだけでも違います。大人が仕上げ磨きをするときは、細かく弱めの力で磨き、磨き残しのしやすい歯の付け根、歯と歯の間、歯の裏側をよくチェックするようにしましょう。

歯の生え方と発達の目安

自分で歯を磨けるようになっても、大人が仕上げをしましょう。

1歳
【前歯、上下8本が生えてくる】
・歯ぐきで噛みつぶす。
・手づかみ食べが始まる。

1歳半
【第一臼歯（奥歯）が生えてくる】
・前歯で食べる。
・スプーンやフォークを使って食べる。

2歳半〜3歳
【乳歯が生え揃う】
・奥歯で噛むことができる。
・咀嚼力が強くなる。

4歳
・あめをいつまでもなめていることができる。

5、6歳〜
【永久歯が生え始める】
・自分で歯が磨けるようになる。

Part 4

「困った」が解消できる！魔法のレシピ

好き嫌いや遊び食べなど、
幼児期の食事には「困った」がいっぱい。
でも、この時期には当たり前のことだと割り切り、
一緒に食事を楽しみましょう。

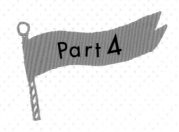

●食事はおいしく、楽しく

「困った」を解消するポイント

好き嫌いが多い、遊び食べをするなど幼児期の食事は困ったことがいっぱい。大人にとっては大変な時期ですが、まずは楽しく食事をすることが大切です。

食事中の「困った」は当たり前 まずは「食」を楽しむ環境作りを

食事の時間は実際に食べている間だけではなく、準備の段階から始まっています。子どもが遊びに夢中になっているときに、食事ができたからといってテーブルにつかせても、気持ちを切り替えるのは難しいもの。食べる前から少しずつ子どもの様子に気を配り、食事への導入を上手に行うことが大切です。

とはいえ、たとえうまく誘導できたとしても、幼児期は食べるのを嫌がったり、上手に食べられなかったり、食事中に困ったことが起きるのは当たり前。大人にとってはイライラすることも多い時期ですが、無理強いをすると子どもも大人も疲れてしまいます。まずは食事を楽しむ気持ちと環境を整えることに重点を置き、普段の生活のなかでも「食」に興味をもつ仕掛けを盛り込んでいきましょう。

親子で「食」を楽しむ

1 食材に触れる

食材を手に持たせ、大きさや重さ、手触り、においなどを体感させてみましょう。さらに、調理されてテーブルに運ばれたものと、調理前の状態を比べてみるのも、食材に関心をもつきっかけになります。そのほか、子どもと一緒に野菜を育ててみるのもおすすめ。自分が毎日世話をすることで、芽が出て、野菜が育っていく様子を見れば、食材に対する愛着がわいてきます。

2 遊びを活用する

おいしそうな食べ物や料理が出てくる絵本を読み聞かせたり、野菜など食べ物のおもちゃを使って、おままごとやお買い物ごっこをしたり……。遊びを通して「食」に触れるのも、食べることに興味をもつきっかけのひとつ。想像力とアイデア次第で、食べ物にまつわる遊びは無限に広がります。大人がリードしながら楽しく遊ぶことで、自然と「食」への関心が高まるでしょう。

3 一緒に買い物へ

スーパーなどでさまざまな食材を見て、まるごとの野菜や魚など食材そのものの形を知ることも、子どもにとっては楽しいもの。「カレーには何が入っているかな？」と質問をして、材料を考えさせながら買い物をしたり、「どのピーマンがいい？」と聞いて食材を選ばせたりするのも、いい経験になります。自分の選んだ食材でどんな料理が完成するのか……。食事の時間が待ち遠しくなるはずです。

一緒に買い物をするのも、食への興味をもたせる方法のひとつ。

食べることが楽しくなるような絵本を読んで、想像力をふくらませてあげて。

体に合ったイス、食器の選び方

子どもが食事に集中できる環境を作るには、イスや食器の選び方が重要。ポイントを押さえ、体に合ったイスや使いやすい食器を選んでください。

イス

ポイント1

テーブルが胸のやや下にくる高さで、両ひじがテーブルの面にしっかりとつくように調整しましょう。手を動かしやすく、集中して食べられるようになります。

ポイント2

足がブラブラするのはNG。両足の裏が床や足置きにつくと、体が安定します。足が届かない場合は、雑誌などで足をのせる台を作るといいでしょう。

ポイント3

背筋が伸び、姿勢よく座れることも大切。イスの幅と体の幅が合わないようなら、背もたれと背中の間に、折りたたんだタオルや薄いクッションなどを挟んで調節を。

食器

コップ

手のひらで包み込める大きさがベスト。取っ手つきなら、4本の指がきちんと入り、親指を添えて握れるものを。おすすめは、中が見えて傾きを加減できる透明なコップです。

お箸

お箸を持つ練習を始めるのは、3～5歳くらいからが一般的。お箸は、長すぎても短すぎても使いにくいもの。手の長さ＋3cmくらいを目安に選んでください。

お皿

スプーンですくったり、フォークで刺したりしやすいよう、縁が垂直に立ち上がり、ある程度の深さがあるものを選びましょう。また、底が平らで、適度な重さがあると安定します。

フォーク・スプーン

いずれも柄に厚みがあり、握ったときに柄の先がこぶしから少し出るくらいの長さのものを。先端は、口より大きすぎると食べ物がこぼれやすくなるので、口のサイズに合ったものを選びましょう。

困った 1

好き嫌い

幼児期はいろいろな食べ物と出合い、「食」の経験を積む時期。嫌いなものも調理法などを工夫して献立に盛り込み、多彩な食材・料理に慣れるようサポートしましょう。

「食べ慣れない」「食べにくい」が好き嫌いの原因になる

子どもは自我が芽生えてくると、「食べたい」「食べたくない」という意思表示をするようになります。好き嫌いの原因は、味が好みでない、食感が苦手などさまざまですが、「食べ慣れないこと」「食べにくいこと」が原因の場合が多いようです。

無理に食べさせようとせず おおらかな気持ちで見守って

大人でも、食べたことのない料理には戸惑うもの。まして、子どもは見たことのない食材を前にすると、どうしていいかわからず、手に取れないことも……。そんなときは、大人がおいしそうに食べて見せたり、ひとくちでも食べたら褒めてあげたりして、初めての食材に挑戦する気持ちをサポートしましょう。また、食べにくい食材も調理法次第で、苦手を解消できます。いろいろな調理法を試してみて、食べられるか、探ってみましょう。ただし、無理強いはNG。その食材を本当に嫌いになってしまうこともあるので、「そのうち食べられるようになる」と考え、ゆったりと見守ってください。

好き嫌い解消！　調理のポイント

1 香りを意識する

2歳頃になると、「おいしそうなにおい」がわかるようになります。料理をするときは香りを意識し、食欲をそそるよう仕上げて。

2 切り方・盛り付けを工夫する

初めての食材はクッキー型などを使ってかわいらしい形にし、見た目に変化を。また、苦手なものは少なめに盛り付けましょう。

3 栄養の同じ別の食材に替える

調理法を工夫し、何度かトライしても食べないときは、ちょっとひと休み。同じ栄養をもつ別の食材を食べられればOKとしましょう。

4 ほかの食材に混ぜる

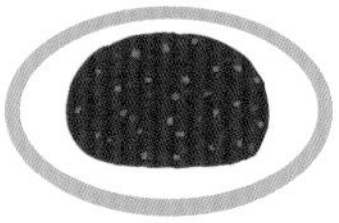

初めての食材は、食べ慣れたものに混ぜるのも手。ハンバーグや蒸しパンなど、子どもが好きな料理に混ぜると食べやすくなります。

●野菜嫌い 解消レシピ

野菜は繊維が多く噛みにくいため
嫌いという子どもも少なくありません。
食べやすいよう、繊維を切る、
やわらかく煮るなど工夫しましょう。

主食　パンにはさんで食べやすく

ベジタブルポケットサンド

【材料(1人分)】

食パン(6枚切り)……1/2枚
かぼちゃ……15g
きゅうり……5g
にんじん……10g
バター……少々
マヨネーズ……小さじ1

トースターで軽く焼いてホットサンドにしてもおいしく食べられます。

【作り方】

1. パンは耳つきのまま2等分し、厚みの中央に切れ目を入れて内側にバターを塗る。
2. かぼちゃはゆでてつぶす。きゅうりは薄い半月切り、にんじんはゆでていちょう切りにする。
3. 2とマヨネーズを混ぜ合わせて、1にはさむ。

132kcal

164kcal

副菜　天ぷらにして甘みアップ

野菜の天ぷら

【材料(1人分)】

さつまいも……20g
にんじん……10g
ピーマン……1/4個
いんげん……1本
A 溶き卵……1/5個分
A 水……大さじ1と1/2
A 小麦粉……大さじ2
揚げ油……適量
塩……少々

【作り方】

1. さつまいもは皮ごと3㎜厚さの輪切りにし、水にさらした後、水気を切る。にんじんは3㎜厚さの斜め輪切りにする。ピーマンは縦半分、いんげんは斜め半分に切る。
2. 1を混ぜ合わせたAの衣にくぐらせ、170℃の揚げ油で揚げ、塩をふる。

衣は薄めにして、サクサクの食感を楽しめるように工夫しましょう。

主食

ご飯と一緒なら野菜も食べやすい

菜っ葉ご飯

【材料(1人分)】

ご飯……100～120g
小松菜……20g
にんじん……10g
豚もも肉……15g
A しょうゆ……小さじ1/4
A 砂糖……少々
A しょうが汁……少々
サラダ油……小さじ1/2
しょうゆ……小さじ1/4

【作り方】

1. 小松菜はゆでて水気を切り、粗みじん切りにする。にんじんはゆでて、5gを粗みじん切り、5gを花型に抜く。
2. 豚肉は細切りにして、Aで下味をつける。
3. フライパンにサラダ油を熱し、2を炒め、小松菜、粗みじん切りにしたにんじんを加える。しょうゆを加え、味をととのえる。
4. ご飯と3を混ぜ合わせ、茶碗につめて器の上で裏返す。ご飯の上に花型のにんじんを添える。

汁もの

チーズのコクをプラス

玉ねぎとにんじんのチーズ風味スープ

【材料(1人分)】

玉ねぎ……10g
にんじん……10g
キャベツ……20g
いんげん……5g
ハム……1/4枚
顆粒コンソメ……小さじ1/3
湯……2/3カップ
溶き卵……1/4個分
とろけるチーズ……5g
サラダ油……小さじ1/3

【作り方】

1. 玉ねぎは薄切り、にんじんはいちょう切り、キャベツは1cm長さのざく切り、いんげんは1cm長さの小口切り、ハムは1cm長さのせん切りにする。
2. 鍋にサラダ油を熱し、1をよく炒め、コンソメを溶かした湯を加えて煮る。
3. 2に卵を回し入れ、火が通ったらチーズを加える。

副菜

大好きなお好み焼き風にアレンジ

キャベツのお焼き

【材料(1人分)】

キャベツ……1/2枚
桜えび……大さじ1
A 溶き卵……1/4個分
A 水……大さじ2
A しょうゆ……少々
小麦粉……大さじ4
サラダ油……小さじ1/2
かつお節・青のり……各少々
ケチャップ・中濃ソース……各少々

【作り方】

1. キャベツはせん切りにする。
2. ボウルにAと小麦粉を入れて混ぜ合わせ、1、桜えびを加える。
3. フライパンにサラダ油を熱し、2を2等分してそれぞれ流し入れて焼き、かつお節、青のりをふってケチャップ、ソースを添える。

副菜　チーズと混ぜて、苦手な野菜を食べやすく

ブロッコリーとじゃがいものチーズ焼き

【材料(1人分)】

ブロッコリー……2房
じゃがいも……10g
ハム……1/4枚
A マヨネーズ……小さじ1/2
A 牛乳……小さじ1
粉チーズ……大さじ1
パン粉……小さじ1

マヨネーズを牛乳で溶くことで、さっぱりとした味わいのソースに。

【作り方】

1. ブロッコリーは小房に分けてゆで、じゃがいもは食べやすい大きさに切ってゆでる。ハムは1.5cm角に切る。
2. 1にAをからめ、耐熱容器に入れ、チーズ、パン粉をふって、トースターで2〜3分焼く。

副菜　カラフルで見た目も鮮やか

千草焼き

【材料(1人分)】

にんじん……5g
いんげん……10g
しいたけ……1/4枚
卵……1個
しらす干し……小さじ1/2
しょうゆ……小さじ1/5
サラダ油……小さじ1/2

野菜はみじん切りにして卵で巻いてしまえば、野菜と意識せずに食べられます。

【作り方】

1. にんじん、いんげんはゆでてせん切りに、しいたけは軸を取って粗みじん切りにする。
2. ボウルに卵を溶きほぐし、1、しらす干し、しょうゆを加えて混ぜ合わせる。
3. フライパンにサラダ油を熱し、2を流し入れ、箸でかき混ぜながら火を通し、巻いて形を整える。冷めたら6等分に切る。

副菜　いつものポテトサラダをアレンジ

カレー風味のポテトサラダ

【材料(1人分)】

じゃがいも……50g
にんじん……5g
りんご……10g
きゅうり……10g
A マヨネーズ……小さじ1
A カレー粉・塩……各少々
A プレーンヨーグルト……大さじ1

【作り方】

1. じゃがいもはゆでてつぶす。にんじんはゆでてから、りんごは皮をむいて塩水につけてからいちょう切りにする。きゅうりもいちょう切りにする。
2. 1にAを加えて混ぜ合わせる。

●肉嫌い 解消レシピ

かたく噛み切りにくい肉は、
揚げたり蒸したりして
やわらかくなるよう、
調理してあげましょう。

主菜
手づかみで食べても大丈夫
焼きぎょうざ

【材料(1人分)】

豚ひき肉		25g
キャベツ		10g
にんじん		5g
ぎょうざの皮		2枚
A	塩	少々
	しょうゆ	小さじ1/2
ごま油		小さじ1/2

【作り方】

1. キャベツとにんじんはサッとゆでて、細かく刻む。
2. ボウルに1、豚肉を入れて混ぜ合わせ、Aを加えてよく練る。
3. 2を2等分し、それぞれぎょうざの皮で包む。
4. フライパンにごま油を熱し、3を強火で焼き、水少量(分量外)を加えて、弱火にして蓋をし、2〜3分蒸し焼きにする。

野菜を多めにしたぎょうざなら、見た目も肉と意識せずに食べられます。

主菜
甘辛い味付けと香りが食欲をそそる
鶏つくね

【材料(1人分)】

いんげん		10g
にんじん		5g
鶏ひき肉		30g
小麦粉		小さじ1
サラダ油		少々
A	しょうゆ	小さじ1/2
	砂糖	小さじ1/4
	だし汁	1/3カップ
	水溶き片栗粉	少々

【作り方】

1. いんげんとにんじんはゆでて、大きめのみじん切りにする。
2. ボウルに鶏肉と小麦粉を入れて合わせ、1を入れて混ぜ合わせる。
3. 2を5等分にしてボール形にし、サラダ油を熱したフライパンで転がしながら焼く。
4. Aを混ぜ合わせて3にかけて蓋をし、蒸し煮にする。

混ぜる野菜の大きさで食感が変わります。歯応えを残しつつ、噛み切りやすい大きさにしましょう。

主菜
香ばしいソースと和える
バンバンジー

【材料(1人分)】
鶏ささみ……25g
レタス……10g
きゅうり……5g
A
マヨネーズ……小さじ1
みそ……小さじ1/5
だし汁……少々
砂糖……少々
白すりごま……少々

【作り方】
1. ささみは筋を取ってラップに包み、電子レンジで1分ほど加熱し、冷めたら細かく裂く。
2. レタスは芯の部分を取り除いて2〜3cm長さのせん切り、きゅうりは2〜3cm長さのせん切りにする。
3. Aを混ぜ合わせて1、2を加えて和える。

主菜
片栗粉で肉をやわらかくジューシーに
チンジャオロースー

【材料(1人分)】
牛薄切り肉……25〜30g
玉ねぎ……10g
ピーマン……5g
パプリカ(赤・黄)……各5g
A
しょうゆ……小さじ1/4
砂糖……少々
片栗粉……少々
サラダ油・ごま油……各小さじ1/2
水……大さじ1
B
しょうゆ・みそ・砂糖……各小さじ1/4
水……小さじ1

【作り方】
1. 牛肉は細切りにしてAで下味をつけ、片栗粉をまぶす。玉ねぎは薄切り、ピーマン、パプリカはせん切りにする。
2. フライパンにサラダ油を熱し、玉ねぎ、ピーマン、パプリカを炒める。水を加えてさらに炒め、しんなりしたら取り出す。
3. 2のフライパンにごま油を熱し、牛肉を炒める。
4. 3に2を戻して炒め合わせ、Bで味をととのえる。

主菜
酢じょうゆでさっぱりと
豚こまの寄せ焼き

【材料(1人分)】
豚もも薄切り肉……25g
もやし……10g
溶き卵……1/5個分
小麦粉……大さじ1/5
塩……少々
青のり……少々
サラダ油……少々
酢じょうゆ(しょうゆと酢を3：1で合わせたもの)……少々

【作り方】
1. 豚肉は繊維を断つように小さく刻む。もやしはひげ根を取ってゆで、2cm長さに切る。
2. ボウルに1を入れ、卵、小麦粉、塩、青のりを加えて混ぜ合わせる。
3. フライパンにサラダ油を熱し、2をスプーンで2つに丸くまとめながら入れて、両面に軽く焼き色をつける。水少量(分量外)を加えて蓋をし、蒸し煮にする。
4. 酢じょうゆを3の表面につける。

魚嫌い 解消レシピ

皮や骨はていねいに
取り除いて調理しましょう。
マヨネーズや粉チーズなど、
子どもの好きな調味料を使う
のも手です。

主菜

野菜たっぷりのおしゃれなソースで

さけのラビゴットソースがけ

【材料(1人分)】

生ざけ(切り身)……30g
きゅうり……10g
玉ねぎ……15g
ミニトマト……1個
サラダ油……小さじ1/2
酢……小さじ1
塩……少々

ラビゴットソースとは、酢と油に野菜のみじん切りを混ぜたもの。ソースが魚のくさみを消してくれます。

【作り方】

1. さけはそぎ切りにして骨を取り除き、塩少々(分量外)をふり、ラップに包んで電子レンジで1分30秒～2分加熱する。
2. きゅうり、玉ねぎ、ミニトマトは粗みじん切りにする。
3. フライパンにサラダ油を熱し、玉ねぎを炒め、きゅうり、ミニトマトを加えてさらに炒め、酢、塩で味をととのえる。
4. 1を器に盛り、3をかける。

主菜

魚っぽくない見た目と食感がポイント

あじのさんが焼き

【材料(1人分)】

あじ(三枚おろし)……30g
ほうれん草……10g
長ねぎ……少々
ご飯……少々
みそ……少々
サラダ油……小さじ1

あじの小骨が混ざらないよう、しっかり取り除いてから調理して。

【作り方】

1. ほうれん草はゆでて水にさらし、水気を切って粗みじん切り、ねぎはみじん切りにする。あじは身をスプーンでそいで取り、細かく刻む。
2. ボウルに1、ご飯、みそを入れて混ぜ合わせ、3等分してから小判形にする。
3. フライパンにサラダ油を熱し、2の両面を焼く。

★魚嫌い解消レシピ

主菜

淡白な魚としっかり味のソースが絶妙

かじきのみそマヨ焼き

【材料（1人分）】

- かじき（切り身）……30g
- A
  - みそ……小さじ1/2
  - マヨネーズ……小さじ1/2
  - 青ねぎのみじん切り……小さじ1/2
  - 砂糖……少々

【作り方】

1. かじきはそぎ切りにして、混ぜ合わせたAを塗る。
2. トースターの天板にアルミホイルをしき、1をのせて7〜8分焼く。

こくのあるソースが、魚のくさみやパサつきを消してくれます。

主菜

のりの風味が食欲をそそる

たらの磯煮

【材料（1人分）】

- たら（切り身）……30g
- A
  - だし汁……1/3〜1/2カップ
  - しょうゆ……小さじ1/3
  - 砂糖……少々
- 刻みのり……少々

【作り方】

1. たらはそぎ切りにする。
2. 鍋にAを煮立て、1を入れて火が通ったら火からおろし、皮と骨を取り除く。
3. 2を再度火にかけ、のりを入れて煮立てる。

のりの風味が、魚のくさみ消しのポイント。のりを加えてからは長時間加熱しないように。

主菜

大好きな味付けで魚を食べやすく

まぐろのチーズカレー風味揚げ

【材料（1人分）】

- まぐろ（刺し身用）……30g
- A
  - しょうゆ……小さじ1/4
  - 水……小さじ1/2
- 小麦粉……少々
- 粉チーズ・カレー粉……各少々
- 揚げ油……適量
- ミニトマト……1個
- マヨネーズ……少々

【作り方】

1. まぐろは手で持ちやすい形に切り、Aに漬け、汁気を切る。
2. 小麦粉に粉チーズ、カレー粉を加えたものを1にまぶし、170℃の揚げ油で揚げる。
3. 2を器に盛り、ミニトマトを半分に切ってマヨネーズをのせたものを添える。

3歳くらいまではミニトマトは刻んであげましょう。

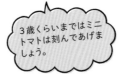

乳製品嫌い 解消レシピ

ホットケーキに混ぜる、
ご飯と一緒に炊くなど、
いろいろな調理法にトライして、
苦手意識をなくしていきましょう。

主食

くさみがなく食べやすい

ミルク炊き込みご飯

【材料(作りやすい分量・子ども用茶わん約3杯分)】

米……1カップ
玉ねぎ……1/8個
ベーコン……1枚
ミックスベジタブル……1/4カップ
顆粒コンソメ……小さじ2/3
湯……1と1/2カップ
牛乳……1と1/4カップ

【作り方】

1. 米はといで水気を切り、30分おく。
2. 玉ねぎはみじん切り、ベーコンは細切りにする。ミックスベジタブルは熱湯に通し、コンソメは湯で溶かす。
3. 1に2、牛乳を入れて炊飯器で炊く。

牛乳入りでカルシウムもたっぷり摂れるご飯レシピです。

副菜

華やかな見た目が食欲をそそる

たっぷり野菜のチーズグラタン

【材料(1人分)】

じゃがいも……50g
玉ねぎ……15g
にんじん……15g
ほうれん草……10g
ツナ(水煮缶)……大さじ1/2
クリームコーン(缶詰)……20g
牛乳……大さじ1
ピザ用チーズ……15g
サラダ油……少々
水……大さじ1
パン粉……少々

【作り方】

1. じゃがいもは1㎝角に切って水にさらし、水気を切ってゆでる。玉ねぎは粗みじん切り、にんじんは5㎜角に切る。ほうれん草はゆでて水気を切り、ざく切りにする。
2. フライパンにサラダ油を熱し、玉ねぎ、にんじんを炒め、水を入れて蓋をし蒸し煮にする。
3. 2にじゃがいも、ほうれん草、水気を切ったツナを入れて混ぜ、クリームコーンと牛乳を入れ、チーズをちぎって加える。
4. 耐熱容器に3を入れ、パン粉をふりかけ、トースターで2〜3分表面をこんがり焼く。

おやつ

りんごの酸味がさわやか

ヨーグルトパンケーキ

【材料(1人分)】

ホットケーキミックス……25g
りんご……10g
A 溶き卵……1/8個分
A プレーンヨーグルト……1/8カップ
バター・いちごジャム……各少々

【作り方】

1. りんごは皮付きのまません切りにする。
2. ボウルにホットケーキミックス、A、1を入れて混ぜ合わせる。
3. フライパンにバターを溶かし、2を2等分にして、それぞれ流し入れて両面を焼く。
4. 3を器に盛り、ジャムを添える。

ヨーグルトを入れることで、生地がやわらかくなり、りんごの酸味も引き立ちます。

主菜

淡白な白身魚にチーズのコクをプラス

白身魚のチーズ風味あんかけ

【材料(1人分)】

白身魚(たらの切り身)……20g
なす……10g
かぼちゃ……10g
玉ねぎ……10g
絹さや……5g
サラダ油……小さじ1/3
水……1/4カップ
しょうゆ……少々
水溶き片栗粉……少々
スライスチーズ……1/2枚

【作り方】

1. たらはゆでて骨を取り除き、ひとくち大に切る。なす、かぼちゃはひとくち大、玉ねぎは1cm長さの細切り、絹さやは筋を取り、ゆでて斜め切りにする。
2. フライパンにサラダ油を熱し、1を炒めて水を加え、弱火で煮る。
3. しょうゆで味をととのえ、水溶き片栗粉でとろみをつけ、最後にチーズをちぎって加える。

主菜

ほのかなカレー風味が人気

タンドリーチキン

【材料(1人分)】

鶏むね肉……30g
A プレーンヨーグルト……大さじ1/2
A カレー粉……小さじ1/6
A ケチャップ……小さじ1/2
ブロッコリー……1房

【作り方】

1. 鶏肉は1cm厚さのそぎ切りにする。
2. ボウルにA、1を入れて混ぜ合わせ、5分ほど漬け込む。
3. トースターの天板にアルミホイルをしき、2をのせて焼き色がつくまで10分ほど焼く。
4. 3を器に盛り、塩ゆでしたブロッコリーを添える。

鶏肉は、ささみやもも肉でもOK。フォークで数カ所穴を開けると、味がしみ込みやすくなります。

●海藻嫌い 解消レシピ

繊維が多く、食べにくい海藻。見た目が黒っぽいので、
食べず嫌いという子どもも。彩りも考えて調理してあげましょう。

細かく刻んでご飯と混ぜることで、わかめの食べにくさが解消されます。

主食 カルシウムもしっかり摂れる主食

わかめご飯

【材料(1人分)】

ご飯……90g
わかめ(戻したもの)……大さじ1/2
しらす干し……大さじ1

【作り方】

1. わかめはゆでて、細かく刻む。しらす干しは熱湯でゆで、ざるにあげる。
2. 温かいご飯に1を入れて混ぜ合わせる。

副菜 ひじきをカラフルな野菜と一緒に

ひじきのナムル

【材料(1人分)】

芽ひじき(乾)……小さじ1
にんじん……5g
きゅうり……10g
ハム……1/4枚
ミニトマト……1個
コーン(缶詰)……小さじ1
A ごま油……小さじ1/4
A 酢……小さじ1/3
A だし汁……小さじ1
A 砂糖……小さじ1/4
A しょうゆ……小さじ1/3

【作り方】

1. ひじきは洗って水で戻し、ゆでる。にんじん、きゅうり、ハムはせん切りにする。ミニトマトは8等分に切る。
2. Aを混ぜ合わせて1、コーンを加えて和える。

副菜 ちくわのうまみがしみて食べやすい

刻み昆布とちくわの煮物

【材料(作りやすい分量・2人分)】

刻み昆布(乾)……10g
ちくわ……20g
にんじん……10g
だし汁……1カップ
砂糖……小さじ1/2
しょうゆ……小さじ1/2
白すりごま……少々

【作り方】

1. 昆布は洗って戻し、短く切る。ちくわは熱湯にくぐらせ、水気を切って3mm厚さの輪切りにする。にんじんは2cm長さのせん切りにする。
2. 鍋にだし汁、刻み昆布を入れて煮立て、にんじんを加えて煮る。
3. にんじんがやわらかくなったら、ちくわ、砂糖、しょうゆを加え、落とし蓋をして煮含める。器に盛り、ごまをふる。

ちくわは弾力があるので、2歳くらいまでは刻んであげましょう。

●豆嫌い 解消レシピ

豆料理は、なかなか食卓に並べにくいメニューですが、栄養豊富な食材なので、献立に積極的に取り入れて。

主菜 定番メニューに豆をプラス ミートビーンズマカロニ

【材料(1人分)】

- マカロニ(乾)……20〜25g
- トマト……15g
- にんじん……10g
- 玉ねぎ……10g
- 大豆(水煮缶)……大さじ1
- 合いびき肉……大さじ1
- コーン(缶詰)……大さじ1
- サラダ油……小さじ1/3
- 顆粒コンソメ……小さじ1/3
- 湯……1/2カップ
- A
  - トマトピューレ……大さじ1/2
  - 塩……少々
  - 砂糖……少々
- 粉チーズ……少々
- パセリのみじん切り……少々

【作り方】

1. マカロニはやわらかくゆでる。トマト、にんじん、玉ねぎは粗みじん切りにし、大豆は粗く刻む。
2. フライパンにサラダ油を熱し、合いびき肉、にんじん、玉ねぎ、コーンを炒めたら、大豆、トマト、コンソメを溶かした湯を加えて汁気が少なくなるまで煮る。Aで味をととのえる。
3. 器にマカロニを盛って2をかけ、粉チーズ、パセリをふる。

主食 昆布のうまみが隠し味 大豆ご飯

【材料(作りやすい分量・子ども用茶わん約3杯分)】

- A
  - 米……1カップ
  - 水……1カップ強
  - 昆布……少々
  - しょうゆ……小さじ1/4
- 大豆(水煮缶)……15g
- 黒いりごま・塩……各少々

【作り方】

1. 昆布はサッと洗って汚れを取り、1cm角に切る。
2. Aを合わせて昆布ご飯を炊く。
3. 炊き上がったご飯120gに大豆を混ぜて器に盛り、ごま、塩をふる。

2歳くらいまでは豆を半分に切ったり、軽くつぶしたりしてあげましょう。

おやつ ほどよい甘みがおやつにぴったり 金時豆パン

【材料(1人分)】

- ホットケーキミックス……20g
- 金時豆の甘煮……大さじ1
- 牛乳……大さじ1〜2
- サラダ油……適量

豆の食感が気になるなら、少し小さく刻んで入れて。

【作り方】

1. ホットケーキミックスに牛乳を入れて混ぜ、金時豆を加えてさらに混ぜ合わせる。
2. フライパンにサラダ油を熱し、1を流し込み、焼き色がつくまで両面を焼く。
3. 冷めたら縦4等分に切る。

困った 2

遊び食べ

「遊び食べ」は大人の悩みのタネですが、子どもが食べ方を学ぶはじめの一歩。ある程度は見守りつつ、遊びと食事のけじめを少しずつ教えていきましょう。

「遊び食べ」は食事に興味をもち食べ方を学ぶ大切なステップ

食べ物をぐちゃぐちゃにしたり、わざと床に落としたり……。「遊び食べ」はママを悩ませるものですが、子どもにとっては食べ物に興味をもち、自分で食べられるようになるための重要なステップ。食べ物の感触を確かめ、口に運びながら食べ方を学んでいるのです。上手に食べられるようになれば収まってくるので、ある程度は自由にやらせてあげましょう。

「なぜいけないのか」をわかりやすく言葉で伝えて

ただ、食べ物をおもちゃにしたり、食事中に遊んだりするのはいけないこと、というのはきちんと教えたいもの。子どもは食べ物で遊んではいけないことを知らないので、「ダメ」というだけでは、なぜ悪いのかわかりません。「ごはんは食べるものだから、遊んじゃだめよ」などと言葉をかけ、食べ物の大切さやマナーをわかりやすく伝えてください。

また、おもちゃは見えない場所に片づけ、食事に集中できる環境を整えることも大切です。

食事に集中！　サポートのポイント

1 手づかみ&お楽しみメニューをプラス

自分で食べたい欲求が満たされる手づかみメニューや、何が入っているか当てっこできる茶碗蒸しなど、お楽しみメニューを加えれば、自然と食事に集中できます。

2 環境を整え、大人と一緒に食事を

気が散るおもちゃなどは片づけ、大人と一緒に食事を楽しんで。大人が何度も席を立つと子どもも落ち着かないので、おしぼりなどはあらかじめテーブルに用意しましょう。

3 30分を目安に食事を切り上げる

子どもが食事に集中できるのは15〜30分。遊び食べを始めるのは満腹なのかも。様子を見ながら、30分を目途に「ごちそうさましようか？」と区切りをつけて。

ママやパパも、一緒に集中して食事を楽しむことが大切。

主食

見ているだけで楽しくなるカラフルご飯

ライスカップケーキ

【材料(1人分)】

ご飯	100g
にんじん	10g
ブロッコリー	10g
塩	少々
溶き卵	1/4個分
しらす干し	5g
サラダ油	小さじ1

【作り方】

1. にんじんはゆでて花型で抜き、残りは細かく刻んで塩をふる。ブロッコリーもゆでて細かく刻み、塩をふって、飾り用に少々取り分ける。

2. フライパンにサラダ油を熱し、卵にしらす干しを混ぜ合わせたものを流し入れ、炒り卵を作る。飾り用に少々取り分ける。

3. ご飯を3等分にして、それぞれににんじん、ブロッコリー、炒り卵を1種類ずつ入れて混ぜ合わせる。

4. カップに3層になるように1種類ずつつめ、器にひっくり返して盛り付ける。花型のにんじん、取り分けたブロッコリー、炒り卵をのせる。

主菜

ピックを使って楽しみながら

鶏肉と野菜のピック

【材料(1人分)】

鶏むね肉		40g
A	しょうが汁	少々
A	しょうゆ	小さじ1/4
片栗粉		適量
揚げ油		適量
ミニトマト		1個
きゅうり		1/6本

ピックを利用すれば指先を使って、楽しく簡単に食べられます。3歳くらいまではピックは使わないで。

【作り方】

1. 鶏肉は1.5cm角に切り、Aに10分漬ける。

2. 1の汁気を切り、片栗粉をまぶす。

3. 2を170〜180℃の揚げ油できつね色になるまで揚げる。

4. 3とミニトマトをピックに刺し、斜め切りしたきゅうりと一緒に器に盛る。

3歳くらいまではミニトマトは刻んであげましょう。

おやつ

口どけのよいさっぱりした味わい

にんじんのヨーグルトアイス

【材料(1人分)】

にんじん		40g
レモン汁		少々
A	プレーンヨーグルト	大さじ4
A	牛乳	大さじ2
A	はちみつ	大さじ2/3
A	砂糖	小さじ1

【作り方】

1. にんじんはゆでて小さく切り、レモン汁をふりかける。

2. 1とAをミキサーに入れて攪拌《かくはん》する。

3. 2を製氷皿に入れ、冷凍庫で約4時間冷やし固める。

ミキサーがない場合はすり鉢ですりつぶしてもOK。3歳くらいまではピックは使わないで。

困った 3

小食

子どもは、なかなか食べる量が一定しないもの。食が進まないと心配になりますが、まずは生活習慣や食卓の雰囲気を見直し、楽しく食事ができるよう心がけてください。

小食だと感じても元気に過ごせていれば大丈夫

子どもは、大人以上に体調や気分にムラがあるもの。食欲はこれらに左右されるので、食べる量も安定しません。また、もともとよく食べる子もいれば、あまり食べない子もいます。食べる量が少なくても、その子なりに体重が増え、元気に過ごしているなら心配ありません。母子健康手帳の乳幼児身体発育曲線を確認し、大きくはずれていなければ、まずは大丈夫です。

食べる量は気にせず楽しく、バランスのいい食事を

食べる量が少ないと、きちんと栄養が摂れているか心配になりますが、1週間でだいたいの栄養バランスがとれていればOKと考えましょう。子どもは、その場の雰囲気にも影響されます。大人が小食を気にして「たくさん食べようね」などといいすぎると、大人の気持ちを感じ取って食べる意欲がなくなったり、プレッシャーを感じたりすることも。少量でもバランスよく栄養が摂れるよう工夫し、家族で楽しく食事をしましょう。

小食解消！　見直しポイント

1 生活リズムを見直す

おなかがすいていないと、食が進みません。自然におなかをすかせるためにも、起床、就寝、3度の食事、おやつ、遊びの時間を見直し、1日の流れをほぼ一定にして。

規則正しい生活を送ることが一番のポイント。早寝、早起きを心がけて。

2 おやつや水分補給を見直す

食事の量が少ないなら、おやつで栄養補給を。気分が変わって食が進むかもしれません。また、ジュースや牛乳の飲みすぎには要注意。食事やおやつの時間以外は、水か麦茶に。

3 食器や盛り付けを見直す

好きな絵柄の食器は気分を盛り上げ、食べる意欲もアップ。ただ、食の細い子はたくさん盛ってあると食べる気力をなくすこともあるので、盛り付けは少なめに。

食材を小さく切ったり、ひとくち大にしたりして、盛り付けを工夫しましょう。

主食　そうめんチャンプルー

ツルツルとしたのどごしで食が進む

【材料(1人分)】

そうめん(乾)	25～30g
いんげん	5g
にんじん	10g
玉ねぎ	15g
ツナ(水煮缶)	大さじ1/2
溶き卵	1/3個分
サラダ油	大さじ1
ごま油	小さじ1/2
しょうゆ	小さじ1/2
塩	少々

【作り方】

1. そうめんは3等分に折ってゆで、水で洗って水気を切る。いんげんはゆでて小口切り、にんじんは短冊切り、玉ねぎは3mm厚さの薄切りにする。

2. フライパンにサラダ油を熱し、にんじん、玉ねぎ、水気を切ったツナを炒めて卵を回し入れる。

3. 卵が少し固まったらかき混ぜて、そうめん、いんげん、ごま油を加えてさらに炒め、しょうゆ、塩で味をととのえる。

主食　けんちんうどん

つゆやめんと一緒にほかの栄養も摂れる

【材料(1人分)】

うどん(ゆで)	100g
絹ごし豆腐	30g
大根	10g
にんじん	10g
絹さや	1枚
油揚げ	10g
ごま油	小さじ1/3
だし汁	2/3カップ
しょうゆ	小さじ2/3

【作り方】

1. うどんは10cm長さに切る。豆腐は7mm角の角切りにする。

2. 大根、にんじんは2mm厚さのいちょう切り、絹さやは筋を取ってゆで、3mm幅の斜め切りにする。油揚げは湯をかけて油抜きをし、細かく刻む。

3. 鍋にごま油を熱し、2を軽く炒める。野菜がやわらかくなったらだし汁、1を加えて煮て、しょうゆで味をととのえる。

主菜　みそとんかつ

少量でもエネルギーが摂取できる

【材料(1人分)】

	ひとくちカツ用豚肉	40g
A	みそ	小さじ1/2
A	白すりごま	少々
A	みりん・砂糖	各少々
	小麦粉・溶き卵・パン粉	各適量
	揚げ油	適量
	パプリカ(赤・黄・オレンジ)	各5g
B	油・酢	各小さじ1
B	塩	少々

【作り方】

1. 豚肉は中央に切れ目を入れて、切れ目に混ぜ合わせたAを塗る。

2. 1を小麦粉、卵、パン粉の順に衣をつけて、170～180℃の揚げ油で揚げる。

3. 2を器に盛り、食べやすい大きさに切ったパプリカをBで和えたものを添える。

困った 4

食べすぎ

幼児期はさまざまな理由から、食べすぎが気になることがあります。でも、発育の状態が標準なら大丈夫。食べる量より、食事の内容と栄養バランスを意識しましょう。

食べすぎが気になったら発育の状態をチェックして

子どもは脳の満腹中枢が未発達のため、食べすぎてしまうことも。また、食べることが好きな子も食べる量が多いようです。いずれの場合も、母子健康手帳の乳幼児身体発育曲線をチェックし、標準内に収まっていれば、まずは大丈夫。たくさん食べたときは「おなかがいっぱいになったね」と満腹の感覚を教える言葉をかけましょう。

栄養バランスのいいメニューをよく噛んで食べること

標準値を超えていたら、食生活の見直しが必要。お菓子やジュース、牛乳を摂りすぎていないか、高カロリーのメニューや油脂、塩分、糖分が多くないかチェックして。献立には主食・主菜に、野菜やきのこ類、海藻が中心の副菜・汁ものを加え、栄養バランスのとれた食事を。また、食べすぎる子は、よく噛まずに早食いになっていることが多いので、噛むことを促して。逆に、ダラダラと長い間食べているのも食べすぎの原因に。食べる量と時間を、きちんと決めましょう。

食べすぎ解消！　調理のポイント

1 カミカミできる食材・料理を

よく噛むことは満腹中枢を刺激します。食材を大きめに切ったり、ある程度のかたさを残して調理したりして、噛み応えのあるメニューを取り入れましょう。

2 油脂の使用をなるべく控える

蒸す、煮る、網焼きにするなどして、なるべく油脂を使わない調理法を工夫しましょう。また、マヨネーズなどの調味料も油分が多いので、使うときは少なめに。

3 低カロリーの食材を活用

きのこ類、海藻類、こんにゃく、しらたきなどはカロリーが低いうえ、噛み応えがあるので満腹感を得られます。食べやすいよう細かく切って活用しましょう。

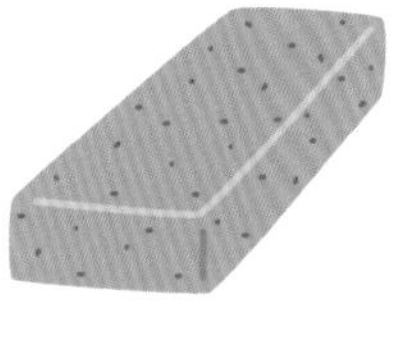

カロリーが低く、食べ応えのあるこんにゃくは、食べすぎ防止にぴったりの食材。

魚を焼くときは網焼きにして、余分な脂は落としましょう。

副菜

歯応えのある食材が勢揃い

カレーきんぴら

【材料（1人分）】

ごぼう	15g
にんじん	15g
れんこん	10g
サラダ油	小さじ2/3
水	1/4カップ
A 砂糖・しょうゆ	各小さじ1/2
カレー粉	少々
黒すりごま	少々

【作り方】

1. ごぼうとにんじんは4cm長さの拍子木切り、れんこんは7mm厚さのいちょう切りにする。ごぼうとれんこんは水にさらし、水気を切る。

2. フライパンにサラダ油を熱し、1を炒めて水を入れ、蓋をして蒸し煮にする。

3. 水気がなくなったら、Aとカレー粉で調味し、火を止めてごまをふる。

副菜

バラエティーに富んだ食材で満足感アップ

野菜たっぷりおでん

【材料（1人分）】

大根	20g
にんじん	10g
こんにゃく	15g
はんぺん	10g
水	1と1/2カップ
昆布	少々
A しょうゆ	小さじ1
A みりん	小さじ2/3
A 塩	少々
絹さや	1枚

【作り方】

1. 大根はいちょう切り、にんじんは乱切りにする。こんにゃくは1cm幅に切り、真ん中に切れ目を入れ、一方の端を切れ目の中に通して全体をひっくり返し、手綱こんにゃくを作る。

2. 鍋に水と、サッと洗って汚れを取った昆布を入れて煮る。沸騰する前に昆布を取り出す。

3. 2に1を入れて煮て、A、はんぺん、2の昆布を結んだものを入れて煮込む。

4. 3を器に盛り、ゆでて半分に切った絹さやを添える。

昆布とこんにゃくは3歳くらいまでは小さく刻んであげましょう。

主食

見た目のボリューム感が食べすぎを防ぐ

ツナ風味のスープスパゲティ

【材料（1人分）】

スパゲティ（乾）	40g
玉ねぎ	10g
えのき	20g
キャベツ	20g
パプリカ（赤・黄・オレンジ）	各5g
ブロッコリー	10g
ツナ（水煮缶）	大さじ1
サラダ油	小さじ1/2
顆粒コンソメ	小さじ1/3
湯	1カップ
しょうゆ	小さじ1/3

【作り方】

1. スパゲティは塩ゆでして5cmほどに切る。

2. 玉ねぎは薄切り、えのきは1.5cm長さに切る。キャベツはせん切り、パプリカは2cm長さのせん切りにする。ブロッコリーはゆでて小房に分ける。

3. フライパンにサラダ油を熱し、玉ねぎを炒める。しんなりしたらえのき、キャベツ、パプリカ、水気を切ったツナ、ブロッコリー、コンソメを溶かした湯を入れて煮る。1を加え、しょうゆで味をととのえる。

column

幼児期に身につけたい食事のマナー

**体の成長とともに、心も成長していく幼児期は
食事の内容だけでなく、気持ちのいい食べ方についても教えていきたいもの。
食事のマナーについて、家族で一緒に考えていきましょう。**

大人が子どもの見本になる

食習慣は、一度ついてしまうと、大人になってもなかなか直せないもの。特に子どもは、家族の食生活に大いに左右されます。全員が食卓についていなくても勝手に食べ始めたり、夜におやつを食べる習慣があったり……。子どもの頃からきちんとした食習慣を身につけた人は、大人になっても食生活を自己管理することができ、生活習慣病にもなりにくいといわれます。

　また、家族で食卓を囲み、大人がマナーを守る様子を見せることも大切。子どもは大人を見て食事のマナーを覚えます。まず、「いただきます」「ごちそうさま」と挨拶することから始めましょう。だらだら食べを防ぐためにも、食事の始まり、終わりを意識させることが大切です。

ゆるやかなルールから始めて

まだ1～3歳の頃は、こぼす、汚す、遊ぶ、食べないということも日常茶飯事。幼児の食事時間は、15～30分ぐらいまでが限度です。最初は10分立ち座りしながらも食事ができればOK、次は10分席を立たなければOK、といったようにハードルをあげていけばいいでしょう。

　食べている途中で、スプーンやお箸の持ち方について注意するなどしてしまうと、食べることが嫌いになってしまいます。しつけは大切なことですが、子どもの食べる楽しみを尊重しながら、マナーを教えていきましょう。

　基本は「叱るより褒める」。遊び食べで汚したことを怒るのではなく、最初から汚してもいい環境を作っておくことです。

CHECK マナー改善は褒めることから

ひとつできるごとに褒めるようにしましょう。だんだんできることが増えてきます。

- □「いただきます」「ごちそうさま」がいえる。
- □スプーンやお箸を使って、自分で食べることができる。
- □こぼさずに食べることができる。
- □嫌いなものも、ひとくちだけ食べる。
- □少ない量なら残さずに食べることができる。
- □食べ終わるまで立ち上がらずにいられる。

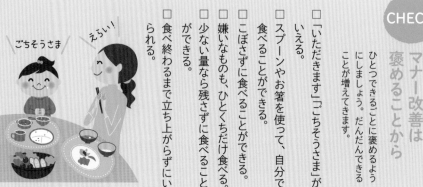

Part 5

具合が悪いときの対処法&レシピ

熱が出たり、下痢をしたり……。
子どもが体調を崩すことは少なくありません。
子どもの様子を見て、症状に合った
食事を出すよう心がけて。

熱があるとき

熱があるときは、水分補給が第一。
食欲がなければ、無理に食べさせなくてOKです。
熱が下がったら、子どもの様子を見ながら食べやすいものを少しずつ与えてください。

まずは水分をこまめに補給 食事は消化吸収のいいものを

熱が高いときは、食欲がなくなることが多いもの。食欲がないなら、無理に食べさせるのは避けてください。ただし、水分補給だけはしっかり行って。子どもは発熱によって脱水症を起こしやすくなるので、様子を見ながら、こまめに水分を摂らせることが重要です。

熱があっても機嫌がよく、食欲もあるようなら、食事をしても大丈夫。ただ、熱によって胃腸が弱っていることもあるので、消化吸収のいいメニューがベター。少量で栄養がたっぷり摂れるものなら、なおいいでしょう。

また、発熱に限らず、体調が悪くて医師の診察を受けた場合は、医師の指示にしたがって水分や食事を与えてください。とくに指示がなくても、不安を感じるようなら医師に確認を。

熱があって食欲がないとき

無理に食べさせようとせず、食事より水分補給を優先しましょう。高熱が出ると汗や呼吸から水分が失われ、脱水症を起こしやすくなります。麦茶のほか、糖質・塩分を補給できるイオン飲料、さっぱりしたスープなどをこまめに飲ませるよう心がけて。

熱があっても食欲があるとき

熱があるものの元気で食欲があるなら、普段と同じ食事でもOK。ただ、熱で胃腸が弱っていることもあるので、消化吸収のいいおかゆや煮込みうどん、野菜スープなど水分の多いものがおすすめです。

これもおすすめ！

熱で体が熱く感じるようなら、ひんやりしたゼリーやバニラアイスクリーム、シャーベット、ヨーグルトなどを与えてみて。冷たいものを口にすることで、気分がスッキリします。

熱が下がってきたら？

おかゆなどの穀類中心の食事から、おかずを少しずつ増やしていきます。体力を回復させるためにも、たんぱく質やビタミンを含む消化のいい食材を盛り込んで、エネルギーを補給するようにしましょう。繊維質の多い野菜や海藻、油脂の多いチーズなどは消化しにくいので避けてください。食事の量は、様子を見ながら調整していくといいでしょう。

汁もの

胃に負担の少ないスープで栄養補給

刻み野菜のスープ

【材料(1人分)】

大根……10g
にんじん……10g
白菜……10g
小松菜……10g
かぼちゃ……10g
だし汁……1カップ
塩……少々
しょうゆ……小さじ1/3

【作り方】

1. 大根、にんじん、白菜、小松菜、かぼちゃは細かく刻む。
2. 鍋にだし汁を入れて1を煮る。野菜がやわらかくなったら、塩、しょうゆで味をととのえる。

熱があって食欲がないときは、スープにして水分補給も一緒に。

主食

いろいろな栄養がこれ一品で摂れる

卵入りおじや

【材料(1人分)】

ご飯……50g
ほうれん草……5g
青ねぎ……5g
にんじん……10g
溶き卵……1/2個分
だし汁……1カップ
しょうゆ……小さじ1/2

【作り方】

1. ほうれん草はゆでて水にさらし、水気を切って細かく刻む。ねぎは細かく刻み、にんじんは5mm角に切る。
2. 鍋にだし汁、1、ご飯を入れて煮る。野菜がやわらかくなったら卵を回し入れ、しょうゆで味をととのえる。

熱で体力を消耗したときは、消化がよくエネルギー源になるおかゆやおじやを食べて体力を回復させましょう。

おやつ

ひんやりした口当たりが気持ちいい

イオンシャーベット

【材料(1人分)】

乳児用イオン飲料……1/2カップ
はちみつ(または砂糖)……小さじ1
湯……小さじ1

【作り方】

1. はちみつを湯で溶いてイオン飲料に混ぜ、冷凍庫で1時間冷やし固める。
2. 1を取り出し、フォークなどでザクザクとかき混ぜ、さらに冷凍庫で30分冷やし固める。

発熱時は、糖質や塩分を含むイオン飲料が水分補給にぴったりです。

吐き気があるとき

無理に水分を摂らせたり、食べさせたりすると症状が悪化してしまうことも。
吐き気がおさまってから、様子を見つつ少しずつゆっくりと水分補給を。

決して無理強いはせず 慎重に少しずつ水分を補給して

吐き気があるとき、無理に水を飲ませたり、何かを食べさせたりすると、さらに吐き気をさそってしまいます。ただ、嘔吐すると体の水分やナトリウム・カリウムなどの電解質が奪われるので、水分補給はとても大事。「1〜2回吐いただけだから……」と、水分補給を怠るのはNGです。吐き気がおさまったら、様子を見ながら少しずつ水分を与えるようにしましょう。

水分を与えても大丈夫なら、次はスープのうわずみなど、汁ものを飲ませてください。吐き気がおさまったからといって急に固形物を食べさせると、吐き気が戻ってしまいます。まずは汁ものから始め、大丈夫なら、消化のいいおかゆやうどんなどを食べさせて。その後、少しずつ普段の食事に戻していきましょう。

吐いたあとは？

何度も繰り返し吐いているときや吐いた直後は、無理に水を飲ませたり、何かを食べさせたりするのは避けてください。水分や栄養を補給しなくて大丈夫……？と心配になってしまいますが、無理強いをすると、すぐにまた吐いてしまい、症状が悪化することもあります。吐き気がおさまるのを待ち、しばらく様子を見て落ち着いてきたら、少しずつ水分を与えましょう。

吐き気がおさまったら？

まずはこまめに水分を補給することが大切。ペットボトルのキャップ１杯分を目安に、麦茶やイオン飲料を与えます。急にたくさん飲ませると、吐き気をさそってしまうので、様子を見ながら、ゆっくりと少量ずつ飲ませるのがポイントです。

これはNG！

みかんやグレープフルーツといった酸味のある柑橘類や、ヨーグルトなどの乳製品は吐き気をさそい、症状を悪化させることもあるので避けたほうがいいでしょう。同様に、脂肪分の多い食べ物や甘いものも控えてください。

水分が摂れるようになったら？

スープのうわずみなどを与え、吐き気が戻ってこないようなら、消化吸収のいいスープやおかゆを食べさせましょう。野菜を入れると、ビタミンなどが溶け出して栄養も摂れます。その後、徐々に普通の食事に戻していきます。

汁もの

栄養たっぷりの汁で体力を回復

野菜たっぷりみそ汁のうわずみ

【材料(1人分)】

大根	10g
白菜	10g
にんじん	10g
玉ねぎ	10g
豆腐	10g
だし汁	2/3カップ
みそ	小さじ1

【作り方】

1. 大根、白菜、にんじん、玉ねぎ、豆腐を食べやすい大きさに切る。
2. 鍋にだし汁、1を入れて煮る。
3. 野菜がやわらかくなったらみそを溶き入れて煮立て、器にみそ汁のうわずみを入れる。

吐き気があるときはスープだけでOK。吐き気が少しおさまったら、具も少し食べるよう促しましょう。

吐き気があるとき

主食

消化のいいたんぱく質とともに

お麩のおかかにゅうめん

【材料(1人分)】

そうめん(乾)	20g
ほうれん草	5g
麩	1個
だし汁	1カップ
かつお節	少々
しょうゆ	少々

【作り方】

1. そうめんはゆでて水気を切り、1cm長さに切る。
2. ほうれん草はゆでて水にさらし、水気を切って刻む。麩は水で戻して水気を切り、小さく切る。
3. 鍋にだし汁を入れ、1、2を加えてひと煮する。
4. 3にかつお節、しょうゆを加えて混ぜ、器に盛る。

麩は消化がよく、たんぱく質も豊富。食べやすいよう、小さく切って入れて。

おやつ

のどごしがよくて食べやすい

アップルゼリー

【材料(1人分)】

100%果汁りんごジュース	1/2カップ
粉ゼラチン	小さじ1
湯	1/4カップ
水	大さじ2

【作り方】

1. 粉ゼラチンは湯でふやかす。
2. 鍋にりんごジュース、水を入れ、火にかけて温めたら、1を加えて溶かす。粗熱が取れたら、器に入れて冷蔵庫で冷やし固める。

つるんとした食感のゼリーに、りんごジュースを入れてビタミンも一緒に。

大量の水分が奪われる

下痢のとき

下痢のときに一番怖いのは、水分や電解質が奪われて起こる脱水症。水分だけでなく、電解質も補給できるようイオン飲料などを飲ませましょう。

食べ物を与えるのは症状がおさまるまで待って

下痢をしたときは、体の水分が大量に失われます。脱水症を防ぐためにも、まずは水分補給をしっかり行うことが大切です。食べ物を与えるのは、下痢の症状がおさまってから。食欲がないようなら、無理に食べさせる必要はありません。子どもの様子を見ながら、少しずつ食べさせましょう。

ただし、症状がおさまったからといって、すぐに食事の内容や量を普段と同じように戻すと、下痢を繰り返すことがあります。腸はまだ弱っているので、負担がかからないよう消化のいいものを選びましょう。たとえば、胃腸に刺激を与えず、エネルギー源にもなるくず湯や、消化がよく高たんぱくの豆腐などがおすすめ。便の状態をチェックしながら、少しずつ普段の食事に戻してください。

水分補給には イオン飲料などを

下痢のときは体内から大量に水分が失われ、ナトリウムやカリウムが奪われます。脱水症を予防するためには白湯や麦茶だけでなく、電解質が含まれたイオン飲料や少量の塩を入れた塩水、医師に処方してもらった経口補水液などを飲ませるといいでしょう。ただし、一度にたくさん飲ませないように。少しずつ、こまめに与えるのがポイントです。

食べ物は 食欲が戻ってから

症状がおさまって食欲があるなら、消化のいいメニューを少しずつ与えて。りんごは整腸作用があり、皮ごとすりおろすと消化もいいのでおすすめ。ただ、果糖濃度の高いりんごジュースは飲みすぎると症状が悪化することがあり、要注意です。

これはNG！

水分を補給することは重要ですが、糖分の多い飲み物や乳飲料は避けたほうがいいでしょう。そのほか、いも類、海藻類など食物繊維を多く含んだ食材や、油脂分の多いもの、柑橘類も控えてください。

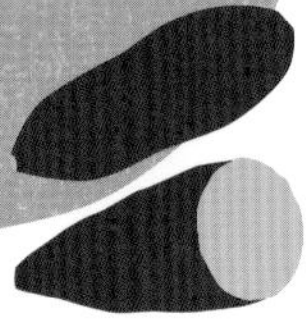

体を温める 野菜を取り入れて

胃腸に負担のかからない消化のいい食材に加えて、体を温める野菜をメニューに取り入れるといいでしょう。なかでも、白菜やかぶといった冬野菜は体を温めてくれるだけでなく、加熱することで甘みが出るので、食べやすくなります。

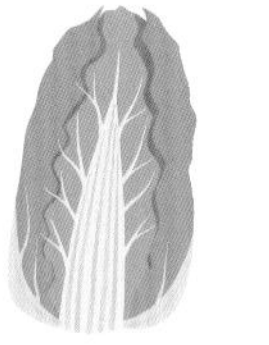

主食 野菜と蒸して食べやすく

そうめんの小田巻き蒸し

【材料(1人分)】

そうめん(乾)	10g
にんじん	5g
かぶ	5g
白菜(葉先)	1/8枚
卵	1/2個分
だし汁	1/4カップ
しょうゆ	小さじ1/3
塩	少々

【作り方】

1. そうめんは1/4長さに折ってゆで、水で洗って水気を切る。
2. にんじん、かぶは皮をむいてすりおろす。白菜はサッとゆでて粗みじん切りにする。
3. ボウルに卵を溶きほぐし、だし汁、しょうゆ、塩を入れて混ぜ、1、2を加えて軽く混ぜ合わせる。
4. 耐熱容器に3を流し入れ、ふんわりラップをして電子レンジで3分ほど加熱する。

主食 胃腸にやさしく体を温める

やわらかみそうどん

【材料(1人分)】

うどん(ゆで)	80g
にんじん	10g
大根	10g
白菜(葉先)	10g
豆腐	10g
だし汁	1カップ
みそ	小さじ2/3

【作り方】

1. にんじんはせん切り、大根は小さく切る。白菜は刻む。
2. 豆腐は7〜8mm角に切る。
3. 鍋にだし汁、1を入れて煮る。やわらかくなったら2、うどんを加え、うどんがくたくたになるまで煮て、みそで味をととのえる。

消化のいいうどんも、胃腸に負担をかけないよう、やわらかくなるまでしっかりと煮込みましょう。

おやつ のどごしのいい食感で楽しむ

りんごのくず寄せ

【材料(1人分)】

りんご	40g
くず粉	大さじ1
水	大さじ1と1/2
砂糖	小さじ1〜2

【作り方】

1. りんごはすりおろす。くず粉は軽く押しつぶし、だまをなくす。
2. 鍋に1、水、砂糖を入れ、弱火でゆっくりかき混ぜて、やや透明になったら火を止める。

りんごに含まれるペクチンには整腸作用があり、加熱しても成分は損なわれません。

便秘のとき

便が出にくく、おなかが張ってしまう便秘。ときには腹痛を起こすことも……。食事やおやつの時間をきちんと決め、体をしっかり動かしましょう。

献立の内容だけでなく食事の時間も見直しましょう

おなかが張っていたり、排便がスムーズでなかったりするのは便秘の症状かもしれません。食事の時間が不規則だと便秘になりやすいので、毎日ほぼ決まった時間に食事ができているか見直しを。

あわせて、食事の内容もチェック。食物繊維の豊富な食材を献立に取り入れていますか？　食物繊維は、いも類や野菜、海藻類、フルーツに多く含まれています。三度の食事に積極的に取り入れるだけでなく、おやつの時間を活用するのがコツ。フルーツや野菜ジュースをはじめ、いも類を使ったデザートなどを取り入れ、無理なく食物繊維が摂れるよう工夫しましょう。また、便がかたくなって排出しづらくならないよう、水分をたっぷり摂って。ヨーグルトも腸内環境を整える作用があるのでおすすめです。

食物繊維をバランスよく摂る

いも類や野菜に含まれ、便のかさを増やす「不溶性食物繊維」と、フルーツや海藻類に含まれ、便をやわらかくして量を増やす「水溶性食物繊維」をバランスよく摂るよう心がけて。主食はパンより、ご飯がベター。白米に麦や雑穀を加えたり、胚芽を残して精米した胚芽米を取り入れたりするのもいいでしょう。また、油脂も便秘解消につながるので、炒め物などで適度に活用して。

規則正しい食生活を心がける

日によって食事の時間がバラバラだと、排便のリズムがとりにくくなります。三度の食事は、毎日できるだけ決まった時間にとるよう意識して。とくに朝食はきちんととり、体をしっかり動かすと便が出やすくなります。

これがおすすめ！

食物繊維の豊富な食材は、いも類、きのこ類、ひじきやわかめなどの海藻類、そして納豆。野菜では、大根、にんじん、ほうれん草、フルーツでは、りんご、バナナ、プルーンなどに多く含まれています。

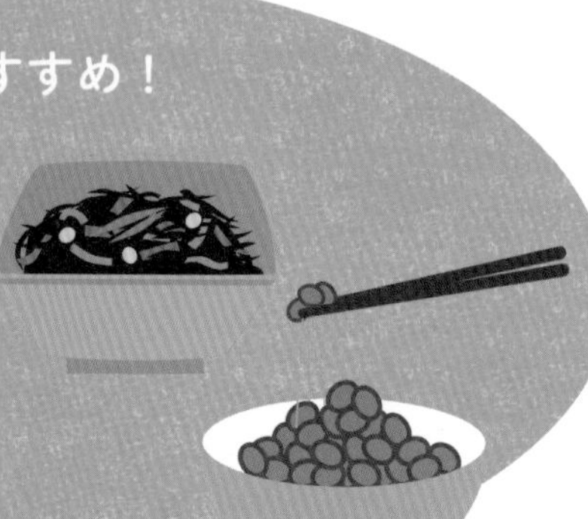

主食

いつものご飯に混ぜるだけ

十六穀米おにぎり

【材料(作りやすい分量・8個分、1人分の目安・2個)】

白米	1カップ
十六穀米	大さじ1/2
水	1カップ強
梅肉	少々

【作り方】

1. 白米は洗って、水気を切り、30分おく。
2. 1に十六穀米と水を加えて炊飯器で炊く。
3. 2に梅肉を混ぜ合わせてボール形と三角に握る。

雑穀を混ぜると繊維質がぐんとアップ。カレーライスにすれば、より食べやすくなります。

おやつ

食物繊維がたくさん摂れる

りんごとさつまいものプルーン煮

【材料(1人分)】

りんご	1/8個
さつまいも	20g
プルーン(種なし)	1個
水	1/3カップ
砂糖	小さじ1/2
塩	少々
レモン汁	少々

【作り方】

1. りんごは4mm厚さのいちょう切り、さつまいもは3mm厚さの輪切りにし、プルーンは細かく刻む。
2. 鍋に水、砂糖、塩、1を入れて煮立てる。
3. 2にレモン汁を加えて、やわらかくなるまで煮る。

りんごとさつまいもは、食物繊維が多く含まれる皮ごと煮て、腸の働きを活発化させましょう。

副菜

多くの繊維で腸をお掃除

食物繊維たっぷりおやき

【材料(作りやすい分量・2人分)】

ひじき(乾)	小さじ1
切り干し大根(戻したもの)	10g
小松菜(葉)	20g
納豆(小粒)	大さじ2
しらす干し	小さじ2
小麦粉	40g
水	大さじ3
しょうゆ	少々
サラダ油	少々

【作り方】

1. ひじき、切り干し大根は水で戻し、熱湯でゆでて水気を切って刻む。小松菜はゆでて水にさらし、水気を切って刻む。
2. ボウルに小麦粉、水を入れてよく混ぜ、1、納豆、しらす干し、しょうゆを加えて混ぜ合わせる。
3. フライパンにサラダ油を熱し、2を流し入れて丸く広げ、両面を焼く。

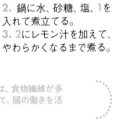

食べ物がしみて痛い

口内炎のとき

口の中が痛み、思うように食事ができない……。大人でも、口内炎はつらいものです。症状によっては、痛みで食欲もなくなるので、口当たりのいい料理を用意しましょう。

炎症部分にしみないよう のどごしがよく、薄味の食事に

口内炎になると口の中が痛く、食事を摂るのも大変。症状によっては痛みがひどく、泣き出してしまう子も……。痛がって食事ができないようなら、無理に食べさせなくても大丈夫。水分補給をしっかりと行い、様子を見ていきましょう。何かを飲ませるときは、炎症を起こしている部分にしみないよう、熱いものは冷まして。食欲が出てきたら、スープなどの汁ものや、あまり噛まなくても飲み込めるものを試してください。

また、食事ができるようなら、やわらかくて、のどごしのいいものがおすすめです。味付けは、いつもより薄味に。味が濃いと、炎症部分にしみてしまいます。口の中が痛いと食欲をなくしてしまう子もいるので、栄養価の高い食材を取り入れるよう意識しましょう。

薄味で やわらかいものを

味の濃い食べ物や飲み物は、炎症部分にしみて痛いので避けてください。酸味のあるもの、塩分の強いものも同様です。味付けは薄めを心がけましょう。また、とろみをつけたあんかけや、なめらかで口当たりのいいゼリーなど、やわらかくて食べやすいメニューを取り入れて。野菜はやわらかめにゆでることで、あまり噛まなくても飲み込みやすくなります。

飲み物は人肌程度に

口の中が痛くて食べられない、あるいは食欲がないときは、脱水症を防ぐため水分補給が必要です。水や麦茶、スープは炎症部分にしみないよう、人肌程度の温度に。
ストローやスプーンで少しずつ飲ませるのがコツです。

乳製品や卵を摂る

口内炎をはじめ皮膚・粘膜の炎症は、ビタミンB2不足が原因で起こることも。牛乳や卵など、ビタミンB2の豊富な食材を摂るようにしましょう。ヨーグルトやプリンも同様の栄養が摂れるうえ、のどごしがいいのでおすすめです。

これはNG！

レモンなど酸味のあるものや、塩味の強い料理は、炎症部分を刺激してさらに痛みが増します。また、かたい食べ物も炎症部分を傷つけて、症状を悪化させてしまうことがあるので避けたほうがいいでしょう。

汁もの

のどごしがよく食べやすい

ふんわり豆腐スープ

【材料(1人分)】

ブロッコリー	1房
白菜	10g
豆腐	10g
だし汁	1カップ
溶き卵	1/2個分
塩	少々
しょうゆ	小さじ1/2

【作り方】

1. ブロッコリーはゆでて細かく刻む。白菜は1cm幅に切り、豆腐はさいの目に切る。
2. 鍋にだし汁を入れて煮立て、ブロッコリーと白菜を入れてさらに煮る。
3. 野菜がやわらかくなったら豆腐を加えてひと煮し、卵を回し入れ、塩、しょうゆで調味する。

おやつ

ほんのり甘く、なめらかな舌触り

パンプキンゼリー

【材料(1人分)】

かぼちゃ	100g
粉ゼラチン	2.5g
牛乳	1カップ
砂糖	小さじ2

【作り方】

1. かぼちゃはゆでて皮をむき、飾り用に少量取り分けてから裏ごしする。粉ゼラチンは湯適量(分量外)でふやかす。
2. 鍋に牛乳、砂糖、1を入れて煮立たせる。
3. 粗熱が取れたら器に入れ、冷蔵庫で冷やす。
4. 固まったら、1で取り分けておいたかぼちゃをのせる。

主菜

とろみがついて食べやすい

白身魚のじゃがいもあんかけ

【材料(1人分)】

白身魚(たらの切り身)	20〜30g
キャベツ	1/4枚
じゃがいも	1/4個
だし汁	1/2カップ
しょうゆ	小さじ1/2

【作り方】

1. 白身魚はゆでて皮と骨を取り除き、細かくほぐす。キャベツはゆでて粗みじん切りにする。
2. 鍋にだし汁を入れて温め、1を加えて煮て、しょうゆで味をととのえる。
3. 2にじゃがいもをすり入れ、とろみをつける。

じゃがいもをすりおろすととろみがつき、しっとりとした口当たりで食べやすくなります。

食べる意欲がわいてこない

食欲がないとき

食欲がなくても元気に過ごしているなら食べられそうなものを作ってあげて。心配しすぎると、かえって食欲がなくなります。楽しく食事ができる演出を試してみましょう。

「食べたい」気持ちを促す調理法や演出を盛り込むのがコツ

食欲がないときは、まず子どもの様子をチェックしましょう。熱がある、おなかの調子が悪い、のどが痛いなど、具合の悪いところがないか確認します。とくに体調が悪い様子もなく、いつも通り元気があるなら、食べられそうなものをあげてみて。消化がよく、少量でエネルギーや栄養が摂れるメニューがおすすめです。

ただし、無理強いは禁物。食べたくないときに無理に食べさせようとすると、かえって食欲を失います。大人が心配しすぎると、子どもに不安な気持ちが伝わって、もっと食が進まなくなることもあるので注意しましょう。食欲がわくような香りをプラスしたり、目の前でごまをふったりして、子どもの興味を引くひと手間を加え、食事が楽しくなる演出を工夫してみてください。

具だくさんのスープで栄養補給

食が進まないようなら、少しの量できちんと栄養が摂れる献立を工夫しましょう。野菜と肉を使った具だくさんのスープや雑炊なら、ひと皿でさまざまな栄養素が摂れるうえ、のどごしがよく、するりと食べられます。甘くて食べやすいフルーツも上手に活用して。

とろりとした食感で食べやすくする

食欲のないときは、消化がよく、とろりとした食感の料理が食べやすいでしょう。たとえば、とろみをつけた汁ものや、野菜のすりおろしを加えたスープ、加熱したバナナなどは口当たりがよく、スムーズに飲み込めます。そのほか、つるんとしてのどごしのいい春雨や、ぷるぷるした食感のくずもちもおすすめ。メニューに取り入れて、楽しい食卓を演出しましょう。

自分で食べたい気持ちを促して

「自分ひとりで食べた！」という達成感を味わうと、食べる意欲がわくことも。にんじんや大根は手に持って食べられるように細長くカットするなど、自分ひとりで食べられる料理を献立に盛り込んでみましょう。また、食の細い子は器にたくさん盛り付けてあると、それだけで食欲をなくすことがあります。はじめは少なめに盛り、全部食べたときは褒めてあげるといいでしょう。

香り&食卓の演出で食欲を増進

最後にごま油を回しかけるなど、香りよく仕上げた料理は食欲をそそるもの。また、テーブルに料理を並べ、目の前でごまをふったり、かつお節をかけたりすると、子どもの興味を引き、食べたい気持ちを促すことができます。

副菜

あっさりした味わいで食べやすい

さっぱりそうめんサラダ

【材料(1人分)】

そうめん(乾)		20g
にんじん		20g
きゅうり		10g
コーン(缶詰)		小さじ2
A	レーズン	小さじ1
	マヨネーズ	小さじ1
	りんご酢	小さじ1/3

【作り方】

1. そうめんは食べやすい長さに折ってゆで、水で洗って水気を切る。
2. にんじんは抜き型で抜き、塩ゆでする。きゅうりは半月切りにする。
3. ボウルに1、きゅうり、コーン、Aを入れて混ぜ合わせ、器に盛ってにんじんをのせる。

見た目もきれいに盛り付けて、食欲がわく工夫をしましょう。

食欲がないとき

副菜

のどごしよくいろいろな食材が食べられる

春雨のうま煮

【材料(1人分)】

春雨(戻したもの)	25g
しいたけ	1/2枚
レタス	1/2枚
ミニトマト	1個
豚ひき肉	15g
サラダ油	少々
みそ	小さじ1/5
砂糖	小さじ1
だし汁	1カップ
しょうゆ	小さじ1/3

【作り方】

1. 春雨は熱湯で戻して5～10cm長さに切る。しいたけは粗みじん切り、レタスは粗く刻む。ミニトマトは小さく刻む。
2. 鍋にサラダ油を熱し、豚肉を炒めて、みそ、砂糖で調味する。
3. 2にレタス、しいたけを加えて炒めたら、だし汁、春雨、ミニトマトを加えて煮る。
4. 野菜がやわらかくなったら、しょうゆで味をととのえる。

おやつ

ぷるぷる食感がたまらない

フルーツ入りミルクくずもち

【材料(1人分)】

牛乳	60mL
片栗粉	大さじ1
砂糖	小さじ2
いちご	5g
みかん(缶詰)	5g
バナナ	5g

【作り方】

1. 鍋に牛乳、片栗粉、砂糖を入れ、弱火にかけて、混ぜながらぷるぷるになるまで煮る。
2. 水を入れたボウルに1をスプーンですくって入れ、ざるにあげて水気を切る。
3. いちご、みかん、バナナを食べやすい大きさに切る。
4. 2を器に盛り、3を飾り付ける。

column

子どものために安全な食材を選ぼう

これからぐんぐん成長していく子どものために、なるべく安全なものを食べさせたいと思うのは親として当然のことですが、何を基準にすればいいのでしょうか？ 安全な食品の選び方、買い方について、考えてみましょう。

加工品よりもなるべく手作り

いまは自分で食事を作らなくても、手軽に加工食品や惣菜が手に入ります。けれども加工したものは、原材料の産地や鮮度がわからず、添加物が多く使われていることも。成長期の子どもの食べるものだけに、原料がどういうものかは注意が必要です。

子どもは大人に比べて抵抗力が弱く、しかもいま食べたものが体の主要部分を作っていきます。ほとんどの食品添加物は、自分で調理する際には必要ないものです。流通品は国の安全基準をクリアしてはいますが、それぞれが安全であっても、組み合わせた場合の影響などは、まだ詳しくわかっていません。できるだけ添加物の多い加工品を避け、農薬が少ない食材を選んで手作りしたいものです。

食品表示の見方

アレルギー表示は原材料をチェック

アレルギーの原因となる食品が使われているかどうかは、とくに併記がなくても原材料名に表示があります。品目名が必ず記載されているわけでなく、卵を使っていることがよく知られている「マヨネーズ」が表示してあれば、「卵」が表示されないこともあります。

表示義務のもの：えび、かに、小麦、そば、卵、乳、落花生 ※2025年4月1日より「くるみ」も追加。

表示推奨のもの：アーモンド、あわび、いか、いくら、オレンジ、カシューナッツ、キウイフルーツ、牛肉、くるみ、ごま、さけ、さば、大豆、鶏肉、バナナ、豚肉、まつたけ、もも、やまいも、りんご、ゼラチン

名称	フランクフルトソーセージ
原材料名	豚肉、鶏肉、豚脂肪、ぶどう糖、食塩、脱脂粉乳、大豆たん白、たん白加水分解物、香辛料、加工デンプン、調味料（有機酸等）、リン酸塩（Na、K）、酸化防止剤（ビタミンC）、pH 調整剤
原料原産地名	○○国
内容量	200g
賞味期限	××.11.12
保存方法	10℃以下で保存してください
製造者	×× 株式会社　△△県△△市△△町△ー△

＜原材料名＞

水以外のすべての原材料を記載。重量割合が多い材料から順に記載してある。最後に添加物を表示することが義務付けられている。

＜消費期限／賞味期限＞

消費期限とは、未開封であれば問題なく食べられる期限。賞味期限は、おいしく食べられる期限（期日を越すと味は落ちるが食べられないわけではない）。

＜原産地＞＜製造者＞

食品を製造、輸入、販売した会社・個人が製造者。輸入加工食品の場合、最終的に加工された国の名前が原産国として書いてある。原料を輸入して、国内で味付けをした場合、基本的に原産国の表示はない。

＜マーク＞

認定マークもチェック。有機JASマークは、農薬や化学肥料などに頼らずに生産された農産物や、有機由来の飼料で飼育されたものを原料に使用した加工品の証し。

Part 6

忙しいママ&パパのための時短&簡単レシピ

毎日、栄養バランスのとれた食事を作りたいけれど、
忙しくてつい……というときもあるはず。
フリージングなどのワザを身につければ、
時間がなくても、パパッとおいしい食事が作れます。

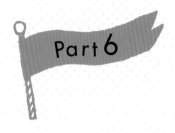

時間のあるときにまとめて作っておこう

作り置きおかずのコツ

子育てや家事に追われる毎日は、とにかく忙しいもの。栄養バランスを考えながら、主菜、副菜、汁ものが揃った食卓に整えるのは大変ですが、冷蔵庫に〝作り置きおかず〟を常備しておけば、手間も時間もカットできます。

コツ1 のせるだけ、まぜるだけの常備菜を

さけフレークなど、ご飯やめん類にのせるだけ、まぜるだけで一品できあがる常備菜を作っておきましょう。おにぎり、チャーハン、パスタといった主食だけでなく、サラダや炒め物にもアレンジ可能。これひとつで味が決まるので、“おかずの素”としても重宝します。

焼いた甘塩ざけの皮と骨を取り除き、ほぐしただけのさけフレーク。入れるだけで料理の彩りをよくします。お好みでごまを入れても。

コツ2 ソースをアレンジ！

トマトソースやホワイトソースは、シチュー、グラタン、パスタなど多彩な料理に活用できます。子ども好みの味でボリュームのあるメニューに仕上がるので、多めに作っておくと便利です。

冷蔵で3〜4日、冷凍で2週間ほど保存が可能。

コツ3 野菜をふんだんに活用

野菜のペーストにマッシュした野菜、野菜入りの肉そぼろ……。野菜をたっぷり使ったおかずをストックしておけば、時間がなくても、ビタミンなどの栄養素を手軽に摂ることができます。

野菜入りの肉そぼろ（レシピはP.149）は、ご飯やめん類にのせて。

調理＆保存のポイント

しっかり火を通す

日持ちするよう、素材にはしっかりと火を通しましょう。

道具・容器は清潔に

調理道具はもちろん、保存容器も清潔を保って。

粗熱を取って保存を

バットに広げるなどして粗熱を取ってから、保存容器へ。

野菜たっぷり肉そぼろ

【材料(作りやすい分量)】

鶏ひき肉……200g
にんじん……30g
しいたけ……1枚
長ねぎ……1/4本
サラダ油……小さじ1
だし汁……1カップ
しょうゆ・みりん
……各大さじ1と1/2
水溶き片栗粉……大さじ1

★ 保存の目安
冷蔵庫で3〜4日

【作り方】

1. にんじん、しいたけ、ねぎはみじん切りにする。
2. 鍋にサラダ油を熱し、1を入れて炒める。しんなりしたら鶏肉を加えてさらに炒め、だし汁、しょうゆ、みりんを加え、汁気がなくなるまで煮る。
3. 2に水溶き片栗粉を入れてとろみをつける。

小さく刻んだ野菜を入れておけば、栄養満点の作り置きおかずになります。

アレンジ 1

主食 + 主菜 + 副菜 三色丼

【材料(1人分)】

野菜たっぷり肉そぼろ
……30g
ご飯……100g
溶き卵……1/2個分
いんげん……1本
サラダ油……少々

【作り方】

1. フライパンにサラダ油を熱し、卵を入れて炒り卵を作る。いんげんはゆでて、食べやすい大きさに刻む。
2. ご飯に野菜たっぷり肉そぼろ、炒り卵、いんげんをのせる。

ご飯の代わりに、ゆでたうどんにのせてもおいしく食べられます。

アレンジ 2

主食 + 主菜 + 副菜 肉そぼろ入り中華めん

【材料(1人分)】

野菜たっぷり肉そぼろ
……50g
中華めん(生)……1/2玉
チンゲン菜……1/8株

【作り方】

1. 中華めんはゆでて水に取り、ざるにあげる。チンゲン菜は塩と油各少々(ともに分量外)を入れた湯でゆで、細かく刻む。
2. 中華めんに野菜たっぷり肉そぼろ、チンゲン菜をのせる。

そぼろにとろみがあるので、めんとよくからみます。

作り置きおかずのコツ

ラタトゥイユ

【材料（作りやすい分量）】

トマト	1個
パプリカ（黄）	1個
玉ねぎ	1/2個
なす	1本
にんにく	少々
オリーブ油	小さじ2
塩	小さじ1/5

【作り方】

1. トマト、パプリカ、玉ねぎ、なすは1cm角に切り、なすは水にさらす。にんにくはみじん切りにする。
2. フライパンにオリーブ油とにんにくを入れて弱火にかけ、にんにくが色づいてきたら玉ねぎを入れてよく炒める。
3. 2にパプリカ、なすを入れて炒め、しんなりしたら、トマト、塩を加えて汁気がなくなるまで煮る。

★ 保存の目安
冷蔵庫で3～4日

ズッキーニやセロリ、かぼちゃなどを入れてもOKです。

アレンジ 1

汁もの マカロニ入りミネストローネスープ

【材料（1人分）】

ラタトゥイユ	50g
マカロニ（乾）	10g
顆粒コンソメ	少々
水	1/2カップ

【作り方】

1. 鍋にすべての材料を入れ、マカロニがやわらかくなるまで煮る。

マカロニは早ゆでタイプを使うと、より時間短縮になります。

アレンジ 2

主菜 ラタトゥイユの卵炒め

【材料（1人分）】

ラタトゥイユ	50g
卵	1個
粉チーズ	小さじ1
バター	小さじ1

【作り方】

1. ボウルに卵を溶きほぐし、粉チーズを加えて混ぜ合わせる。
2. フライパンにバターを溶かし、1、ラタトゥイユを加え、軽くかき混ぜながらふわっと仕上げる。

フライパンに卵を入れたら、あまりかき回さずふんわり仕上げて。

ひじきの煮物

【材料(作りやすい分量)】

長ひじき(乾)		15g
油揚げ		1/2枚
ごぼう		1/4本
にんじん		1/4本
サラダ油		大さじ1
だし汁		1/2カップ
A	砂糖	大さじ1/2
A	みりん	大さじ1/2
A	しょうゆ	大さじ1
A	酒	大さじ1

【作り方】

1. 長ひじきはサッと洗い、水で戻したら、ざるにあげて水気を切り、食べやすい長さに切る。油揚げは湯通しして短冊切り、ごぼうはささがき、にんじんはせん切りにする。
2. 鍋にサラダ油を熱し、ごぼう、にんじん、ひじきの順に入れて炒める。しんなりしてきたら、油揚げを加えてサッと混ぜ合わせ、だし汁を加える。
3. 煮立ってきたら、Aを加え、落とし蓋をして、ひじきがやわらかくなるまで15分ほど煮る。

ひじきは薄味で煮ておけば、いろいろな料理にプラスできます。

★ 保存の目安
冷蔵庫で3〜4日

全量 271kcal

アレンジ 1

副菜 ひじき入り白和え

【材料(1人分)】

ひじきの煮物	20g
木綿豆腐	50g
白すりごま	小さじ1

【作り方】

1. 豆腐は水切りをしてすりつぶしておく。
2. 1にごま、ひじきの煮物を加えて和える。

豆腐はペーパータオルで包み、電子レンジで1分加熱して、しっかり水切りを。

アレンジ 2

主菜 ひじき入り卵焼き

【材料(作りやすい分量・3人分)】

ひじきの煮物	50g
卵	3個
だし汁	大さじ2
サラダ油	少々

【作り方】

1. ボウルに卵を溶きほぐし、だし汁、ひじきの煮物を加えて混ぜ合わせる。
2. 卵焼き器にサラダ油を熱し、1を3回に分けて入れ、巻いて仕上げる。

卵を巻くのがめんどうな場合は、オムレツ風にしても。

作り置きおかずのコツ

凍ったままでも調理できる！

フリージングのテクニック

時間に余裕があるときに食材をフリージングしておくと、長期保存ができるうえ、食事の準備の時短も可能。「解凍するのがめんどう……」と思いがちですが、冷凍するときのちょっとしたコツで、凍ったまま加熱調理ができます。

コツ1 バットで急速冷凍

食材を袋ごと金属製のバットにのせ、素早く冷ましてから冷凍。時間がかかると食材の細胞が壊れ、雑菌が繁殖しやすくなります。

コツ2 空気を抜いて密閉

冷凍する食材が空気に触れると、酸化や雑菌の繁殖が進行します。袋の空気をしっかり抜いて密閉すること。

コツ3 小分けにして冷凍

小分けにして冷凍すれば、必要な分だけ取り出せます。袋には食材の名前と、使い切りたい日付を記入し、2週間を目安に使い切って。

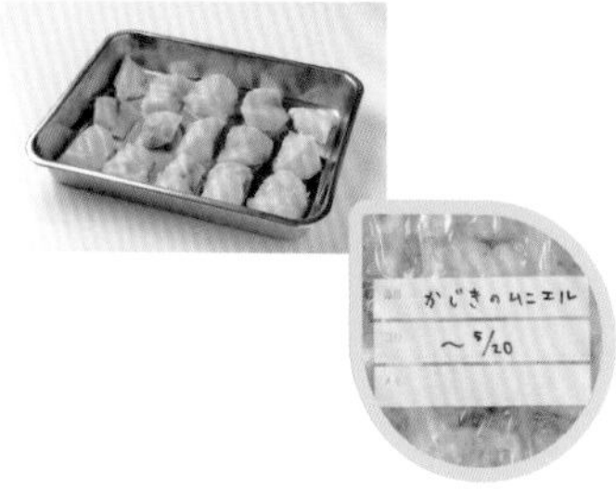

コツ4 冷凍前によく冷まして

加熱したものは、完全に冷ましてから冷凍を。温かいまま冷凍すると味が落ちるうえ、冷凍庫内の周りの食材を傷めることに。

解凍のコツ

冷凍した食材は凍った状態のまま煮物に入れたり、電子レンジで解凍したりして、必ず再度加熱を。解凍の基本は自然解凍です。ただし、室温での自然解凍は雑菌が繁殖しやすいのでNG。自然解凍する際は、必ず冷蔵庫に入れて、低い温度でじっくり解凍しましょう。時間がなく電子レンジで解凍する際は、様子を見ながら数十秒単位で加熱して。ラップに包んだものは水にさらすと、ラップがはがれやすくなります。

これがおすすめ！ フリージング容器

密閉式冷凍用ポリ袋

日付が記入でき、保存容器よりスペースをとらないので整理しやすいのが特徴。

金属製のバット

熱伝導率のいい金属製のバットは、フリージングのマストアイテム。大小揃えると便利です。

POINT

速く凍らせるには？

熱伝導率のいい金属製のバットにのせたり、アルミホイルで包んだりすると速く冷凍できます。ゆっくり冷凍するより、食材の質と味が保てます。

かじきのムニエル

【材料(作りやすい分量)】

かじき(切り身)……2切れ
塩・こしょう……各少々
小麦粉・サラダ油・バター……各小さじ1

【作り方】

1. かじきはそぎ切りにする。
2. 1に塩、こしょうをふり、小麦粉をまぶす。
3. フライパンにサラダ油とバターを入れ、バターが溶けたら2を入れ、両面をきつね色に焼く。

\POINT/

かじきに下味がついているので、解凍してほぐすだけで料理に使えて便利。

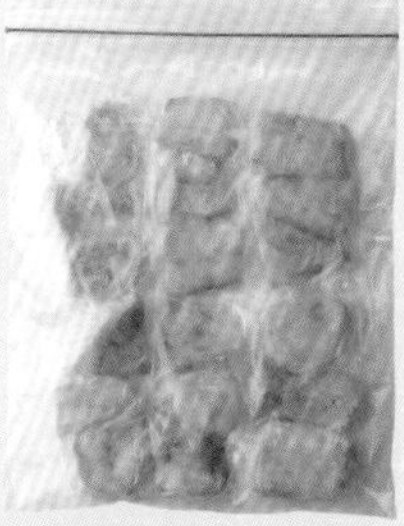

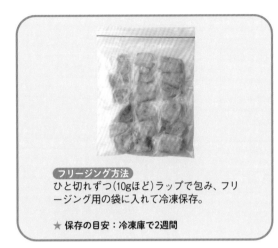

フリージング方法

ひと切れずつ(10gほど)ラップで包み、フリージング用の袋に入れて冷凍保存。

★ 保存の目安:冷凍庫で2週間

アレンジ 1

主食 + 主菜 かじきのピラフ

【材料(1人分)】

かじきのムニエル(冷凍)……(30g)
ご飯……100g
グリーンピース(缶詰)……大さじ1

【作り方】

1. かじきは解凍しておく。
2. 温かいご飯に、1をほぐしたものとグリーンピースを加えて混ぜ合わせる。

ミックスベジタブルを加えれば、見た目も華やかなピラフに。

アレンジ 2

主食 + 主菜 かじきのサンドイッチ

【材料(1人分)】

かじきのムニエル(冷凍)……(30g)
食パン(8枚切り)……1枚
サラダ菜……1/2枚
バター……小さじ1/2
マヨネーズ……少々

【作り方】

1. パンは半分に切り、軽くトーストする。かじきは解凍しておく。
2. パン半分にバターを塗り、サラダ菜とかじきをのせ、マヨネーズをかけて、もう半分のパンではさむ。食べやすい大きさに切って、ピックを刺す。

※ピックは3歳くらいまでは使用しないようにしましょう。

フリージングのテクニック

豚肉のトマトソース煮

【材料(作りやすい分量)】

豚こま切れ肉……200g
塩・こしょう……各少々
小麦粉……少々
玉ねぎ……1/2個
トマト水煮缶……1カップ
オリーブ油……小さじ2
ケチャップ……大さじ1
しょうゆ……小さじ1

【作り方】

1. 豚肉は1cm幅に切り、塩、こしょうをなじませ、小麦粉をまぶす。玉ねぎは薄切りにする。
2. 鍋にオリーブ油を熱し、玉ねぎをしんなりするまで炒め、豚肉を加えてさらに炒める。
3. 豚肉の色が変わったら、トマト水煮をつぶしながら入れ、ケチャップ、しょうゆを加えて煮る。

\POINT/

ソースとして使うときなどは凍ったままフライパンに入れて、少量の湯を入れてから火をつけて。

フリージング方法
バットなどでしっかり冷ましてから、小分けにしてラップに包んで冷凍保存。

★ 保存の目安:冷凍庫で2週間

アレンジ 1

主食 + 主菜 豚肉のトマトソースパスタ

【材料(1人分)】

豚肉のトマトソース煮(冷凍)……1パック(50g)
ペンネ(乾)……40g
パセリのみじん切り……少々

【作り方】

1. ペンネはたっぷりの塩水でゆでる(ゆで汁は取っておく)。
2. フライパンにトマトソース煮を入れ、ペンネのゆで汁を少し加えてのばす。
3. 2を煮立たせ、1を加えて和え、パセリをふる。

ペンネはゆですぎに注意。少し歯応えのあるかたさに。

アレンジ 2

主菜 豚肉のトマトソース煮とブロッコリーの和え物

【材料(1人分)】

豚肉のトマトソース煮(冷凍)……1パック(50g)
ブロッコリー……1房
粉チーズ……少々

【作り方】

1. トマトソース煮は解凍する。ブロッコリーはゆでて、食べやすい大きさに切る。
2. 解凍したトマトソース煮にブロッコリーを加えて和え、粉チーズをふる。

トマトソース煮など調理済みのものを解凍するときは、電子レンジが便利。

さけのクリーム煮

【材料(作りやすい分量)】

- 生ざけ(切り身)……2切れ
- 玉ねぎ……1/4個
- バター……小さじ2
- 小麦粉……大さじ1
- 牛乳……1カップ
- 塩・こしょう……各少々

【作り方】

1. さけはそぎ切りにし、塩、こしょう各少々(分量外)をふって小麦粉適量(分量外)をなじませる。玉ねぎは細切りにする。
2. フライパンにバター半量を溶かし、さけを焼いて、取り出す。
3. 残りのバターで玉ねぎをしんなりするまで炒めたら小麦粉をふり入れ、なじんだら牛乳を少しずつ加える。とろみがついたら、2を戻してひと煮し、塩、こしょうで味をととのえる。

POINT

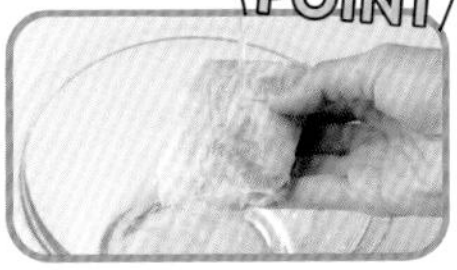

サッと水にくぐらせると、ラップがはがれやすくなります。

フリージング方法

汁気が多いものは、そのままではなく、とろみをつけてから小分けにしてラップに包んで冷凍保存を。

★ **保存の目安:冷凍庫で2週間**

アレンジ 1

主菜 さけのカレー風味シチュー

【材料(1人分)】

- さけのクリーム煮(冷凍)……1パック(50g)
- 水……1/2カップ
- カレー粉……少々
- コーン(缶詰)……少々
- 塩……少々

【作り方】

1. 鍋に水、カレー粉を入れ、煮立たせる。
2. 1に冷凍したままのクリーム煮を入れて溶かし、コーンを加えて、塩で味をととのえる。

クリーム煮を凍ったまま入れるときは、煮立ったところに入れましょう。

主菜 さけのグラタン

【材料(1人分)】

- さけのクリーム煮(冷凍)……1パック(50g)
- ピザ用チーズ……10g
- ケチャップ……少々

【作り方】

1. クリーム煮を解凍して耐熱容器に入れ、チーズをのせてトースターで焦げ目がつくまで焼く。ケチャップをのせる。

電子レンジで解凍するときは、加熱しすぎないよう、時間は短めに設定を。

アレンジ 2

フリージングのテクニック

冷凍野菜レシピ

下ごしらえが意外とめんどうな野菜。
冷凍してストックしておけば、料理の時間がグッと短縮できます。

「加熱してから」が野菜を冷凍するポイント

切ったり、ゆでたり、意外と下ごしらえに手間がかかる野菜。冷蔵庫に入れっぱなしにして、ダメにしてしまうこともあるのではないでしょうか？

多くの野菜は、冷凍することである程度の期間、保存することができます。しかし、そのままでは冷凍できない野菜もあるので、その野菜に合った冷凍方法で上手に保存することがポイントです。

水分の多い葉野菜は、ゆでたり、塩もみしたりしてから水気を切り、適当な大きさに切って小分けにしてからラップに包んで冷凍します。にんじんやかぼちゃは、適当な大きさに切り、かためにゆでて冷ましてから冷凍しましょう。

最近は、皮むきがめんどうな里いもや下ゆでに時間がかかる枝豆など、市販の冷凍野菜にもさまざまな種類が登場しています。フリージングした野菜をストックしておけば、使うときに冷凍庫から出すだけでOKなので、重宝するはず。めんどうだからと野菜不足にならないよう、何種類かストックしておきましょう。

主菜 ソーセージポトフ

【材料(1人分)】

冷凍キャベツ	30g
ソーセージ	2本
コーン(缶詰)	20g
水	1/2カップ
顆粒コンソメ	小さじ1/5
塩	少々

【作り方】

1. 鍋に水、コンソメを入れて温め、ソーセージ、冷凍したままのキャベツを入れてひと煮立ちさせる。
2. 1にコーンを入れ、塩で味をととのえる。

←

冷凍ゆでキャベツ

【作り方】

キャベツを塩少々を加えた湯でゆで、水気を切って食べやすい大きさに切り、冷凍保存する。

副菜 豚ひき肉とほうれん草のソテー

【材料(1人分)】

冷凍ほうれん草	30g
豚ひき肉	10g
オリーブ油	小さじ1/2
カレー粉	少々

【作り方】

1. ほうれん草は電子レンジで20〜30秒加熱して解凍し、食べやすい大きさに切る。
2. フライパンにオリーブ油を熱し、豚肉を炒める。脂が出てきたらカレー粉と1をほぐしながら入れて、炒め合わせる。

←

冷凍ゆでほうれん草

【作り方】

ほうれん草を塩少々を入れた湯でゆで、水気を切って冷ましてから冷凍保存する。

冷凍
枝豆

主菜 枝豆入りつくね

【材料(1人分)】

- 冷凍枝豆……4さや
- 鶏ひき肉……30g
- 塩……少々
- サラダ油……小さじ1
- ミニトマト……1個

枝豆は3歳くらいまではつぶすか、細かく刻んであげましょう。

【作り方】

1. 枝豆は解凍し、さやをはずしておく。
2. ボウルに鶏肉、塩、1を加えて混ぜ合わせ、小判形に成形する。
3. フライパンにサラダ油を熱し、2を入れ、両面を焼く。器に盛り、半分に切ったミニトマトを添える。

冷凍
かぼちゃ

主菜 肉かぼちゃ

【材料(1人分)】

- 冷凍かぼちゃ……2個(60g)
- 豚こま切れ肉……30g
- A しょうゆ・酒・みりん……各小さじ1/2
- 玉ねぎ……30g

【作り方】

1. 豚肉にAをもみ込んでおく。玉ねぎは薄切りにする。
2. 耐熱容器に玉ねぎをしいて凍ったままのかぼちゃをのせ、そのまわりに豚肉をのせて、ふんわりとラップをして電子レンジで2分加熱する。
3. 豚肉をほぐして混ぜ、さらにラップをして、電子レンジで30秒加熱して蒸らす。

冷凍
里いも

副菜 ツナと里いもの和え物

【材料(1人分)】

- 冷凍里いも……1個(30g)
- ツナ(水煮缶)……20g
- マヨネーズ……小さじ1
- しょうゆ……小さじ1/5

【作り方】

1. 里いもはラップをして電子レンジで1分加熱して解凍し、粗くつぶす。
2. 水気を切ったツナ、マヨネーズ、しょうゆを合わせ、1を加えて和える。

冷凍野菜レシピ

いろいろな栄養がひと皿で摂れる！

ワンプレートでも栄養満点

主食・主菜・副菜・汁ものが揃った一汁二菜の献立が理想ですが、毎食揃えるのは大変……。ワンプレートメニューなら、ひと皿で栄養バランスのとれた食事ができあがります。いろいろな具材を加えて、色鮮やかに仕上げましょう。

コツ1 ご飯・めん類をベースに食材をバランスよく

ご飯やめん類などの炭水化物を基本に、肉、魚、野菜を盛り込みましょう。栄養バランスのよいひと皿に仕上がります。

野菜

多様な野菜を使えば彩りがよく、副菜も不要です。

肉・魚

たんぱく質が豊富で、主菜代わりになります。

ご飯・めん類

主食となる炭水化物。めん類は食べにくいようなら短くカットして。

コツ2 食感に変化をつける

肉・魚には火を通し、野菜は生のまま使う、食材によって切り方を変えるなど、ひと皿でさまざまな食感が体験できるよう意識して。満足感が得られ、食事も楽しくなります。

コツ3 味付けにひと工夫

一汁二菜の献立と同じく、基本的には薄味で素材の味を生かしますが、調味料や油脂を上手に使ってコクをプラスするといいでしょう。ひと皿でも十分に味わい深くなり、満足度もアップ。

肉は加熱してポロポロに、トマトはくし形切り、キャベツはせん切りに。三者三様の食感です。

しょうゆと砂糖で甘辛く仕上げたり、バターでコクを出したりすると、子どもも好みの味に。

そのまま出せるフルーツが便利！

みかん、バナナといったフルーツは切らずに食べられるので、そのまま食卓に出せて便利。忙しいときも、手軽に一品増やせます。

主食＋主菜＋副菜 タコライス

【材料(1人分)】

ご飯	120g
合いびき肉	40g
キャベツ	1/2枚
ミニトマト	2個
玉ねぎのみじん切り	小さじ1
サラダ油	少々
おろしにんにく	少々
A ケチャップ・ウスターソース	各小さじ1/2
A 水	小さじ1
シュレッドチーズ	10g

【作り方】

1. キャベツはせん切り、ミニトマトは1/4に切る。
2. フライパンにサラダ油を熱し、玉ねぎを炒め、しんなりしたら合いびき肉、おろしにんにくを入れて炒め合わせ、Aを加えてなじむように炒める。
3. ご飯にキャベツ、2、ミニトマトをのせ、チーズを散らす。

主食＋主菜＋副菜 オープンサンド

【材料(1人分)】

食パン(8枚切り)	1枚
鶏ささみ	1本
塩	少々
白ワイン	少々
アボカド	1/4個
トマト	1/4個
マヨネーズ	小さじ1
バター	小さじ1

【作り方】

1. ささみは塩をふり、白ワインをかけてふんわりラップをして電子レンジで1分加熱し、さいておく。アボカドとトマトは5㎜厚さに切る。
2. ささみにマヨネーズを加えて和える。
3. トーストした食パンにバターを塗り、アボカド、トマト、2をのせる。

主食＋主菜＋副菜 ビビンバ

【材料(1人分)】

ご飯	120g
ほうれん草	1株
にんじん	20g
大根	20g
牛こま切れ肉	40g
A 白すりごま	小さじ2
A 塩	小さじ1/5
A ごま油	小さじ1
サラダ油	少々
焼き肉のたれ(市販のもの)	小さじ1

【作り方】

1. ほうれん草はゆでて水にさらし、水気を切って2㎝長さに切る。にんじん、大根はせん切りにしてゆでておく。牛肉は1㎝幅に切る。
2. Aを混ぜ合わせ、1/3量ずつ、ほうれん草、にんじん、大根に加えて和える。
3. フライパンにサラダ油を熱し、牛肉を炒め、色が変わったら焼き肉のたれを加えてからめる。
4. ご飯に2、3をのせる。

時短になり、洗いものも減ってラクチン

電子レンジで作る簡単レシピ

電子レンジは調理時間が短縮できるうえ、鍋やフライパンを使わないので、後片付けがラク。さらに、少量の水分で調理でき、水溶性ビタミンなどの栄養素が失われにくいというメリットも。使い方のコツを押さえ、上手に活用しましょう。

コツ1 野菜と肉は一緒に加熱

肉・魚は、野菜に比べて火が通りにくいため、電子レンジでは別々に加熱する人も多いでしょう。でも実は、肉・魚と野菜を一緒にまとめて加熱してもOK。耐熱容器に入れる際は、均一に火を通すために野菜の上に肉をのせるなど、置き方を工夫しましょう。

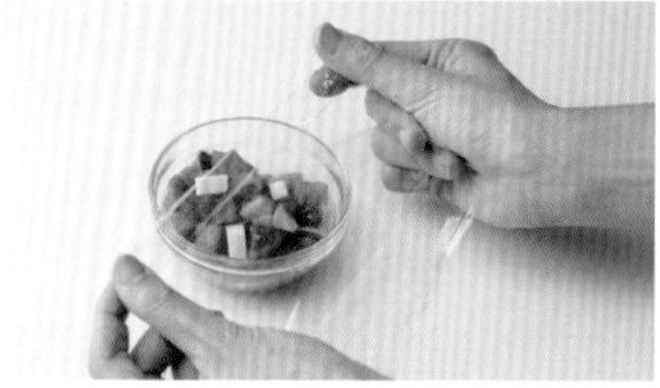

素材はまとめて耐熱容器に入れ、電子レンジへ。

コツ2 余熱をうまく活用する

野菜をサッと加熱したいときは、時間を短めに設定し、電子レンジから出した後、余熱で火を通しましょう。また、アツアツに加熱したほかの材料に、生の野菜を混ぜ合わせても余熱で火が通せます。

ブロッコリーも余熱でシャキッと仕上がります。

コツ3 下味をつけて電子レンジへ

電子レンジで加熱する前に、素材には下味をつけましょう。素材のうまみを逃さず、パサつきを抑えます。とくに、魚は下味をつけることで生ぐさくなるのを防げるのでおすすめです。

合わせ調味料を作り、加熱前にからめて。

コツ4 加熱時間は短めに設定

火の通り具合は電子レンジの機種や耐熱容器によって変わります。加熱時間は表示より短めにし、様子を見て追加で加熱を。

コツ5 ラップは素材に合わせて

水分の多い食材は蒸気が逃げるよう端を少し開け、ふんわりとラップをかけて。水分が少ないなら、ある程度ぴっちりと。

コツ6 加熱ムラに注意しましょう

電子レンジは加熱ムラを起こしやすいので、材料の大きさを揃える、平らに並べる、途中でかき混ぜるなどの工夫を。

コツ7 加熱時に水分をプラス

水分の少ない食材は、パサつきやすいので、様子を見て、水分を加えてあげましょう。

POINT

容器にも注意して！

調理をするときは、必ず電子レンジに適した耐熱容器を使って。使用できる器の材質については、取扱説明書で確認を。

NG！

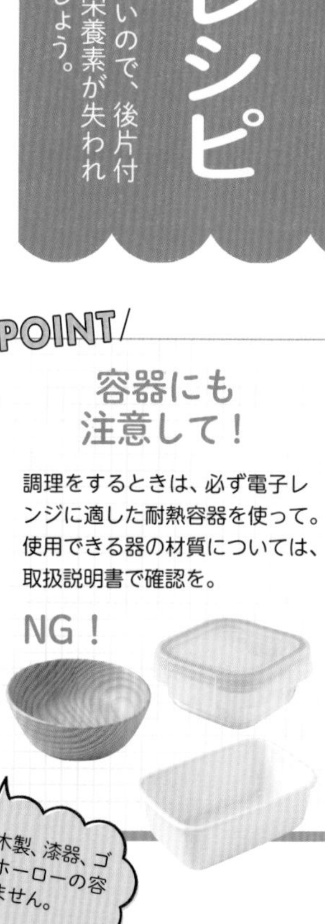

金属製、木製、漆器、ゴム付き、ホーローの容器は使えません。

主菜 鶏ささみとにんじんの中華蒸し

【材料(1人分)】

鶏ささみ		30g
にんじん		30g
ねぎ		10g
塩		少々
片栗粉		少々
酒		小さじ1
A	ポン酢しょうゆ	小さじ1
	ごま油	少々

【作り方】

1. ささみはそぎ切り、にんじん、ねぎはせん切りにする。
2. ささみに塩をふり、片栗粉をまぶす。
3. 耐熱容器ににんじん、ねぎをしいて2をのせ、酒をふり、ふんわりラップをして電子レンジで1分半加熱し、蒸らす。
4. 3に混ぜ合わせたAをかける。

主菜 牛肉とパプリカの炒め物

【材料(1人分)】

牛もも薄切り肉	30g
焼き肉のたれ(市販のもの)	小さじ1
パプリカ(赤)	10g
玉ねぎ	10g

作り方

1. 牛肉とパプリカは細切り、玉ねぎは薄切りにする。
2. 牛肉に焼き肉のたれをもみ込む。
3. 耐熱容器にパプリカ、玉ねぎを入れ、その上に2をのせる。ふんわりラップをして電子レンジで1分加熱し、蒸らしたら、全体を混ぜ合わせる。

主菜 豚肉のアスパラ巻き

【材料(1人分)】

豚薄切り肉	30g
グリーンアスパラガス	1本
梅肉	1/2個分
酒	小さじ1

【作り方】

1. アスパラガスは3等分に切っておく。
2. 豚肉を広げて、梅肉をのばし、1を巻く。
3. 2の巻き終わりを下にして耐熱容器に入れ、酒をふり、ふんわりラップをして電子レンジで1分加熱し、蒸らす。

主菜 たいのごまみそ蒸し

【材料(1人分)】

たい(切り身)……30g
スナップえんどう……2本
A すりごま・みそ・酒・水……各小さじ1/2

【作り方】

1. たいはそぎ切りにし、スナップえんどうは筋を取って斜めに切る。
2. 耐熱容器に1を入れて混ぜ合わせたAをかけ、ふんわりラップをして電子レンジで1分加熱し、蒸らす。

加熱時間が長すぎると、たいがパサパサになるので注意しましょう。

主菜 さけとトマトのカレー蒸し

【材料(1人分)】

生ざけ(切り身)……30g
トマト……30g
塩・カレー粉……各少々
バター……小さじ1/2

【作り方】

1. さけはそぎ切りにし、塩、カレー粉をなじませる。トマトはさいの目に切る。
2. 耐熱容器に1、バターを散らして入れ、ふんわりラップをして電子レンジで1分加熱し、蒸らす。

バターは散らして入れて、まんべんなくさけとからませて。

主菜 かじきの昆布蒸し

【材料(1人分)】

かじき(切り身)……30g
とろろ昆布……ひとつまみ
コーン(缶詰)……小さじ1
酒……小さじ1/2

【作り方】

1. かじきはそぎ切りにする。
2. 耐熱容器に1を入れ、とろろ昆布、コーンをのせて酒をふり、ふんわりラップをして、電子レンジで1分加熱し、蒸らす。

電子レンジで加熱した後、蒸らして、魚にしっかり火を通しましょう。

副菜 ブロッコリーのしらす和え

【材料(1人分)】

ブロッコリー……30g
しらす干し……5g
しょうゆ……少々

【作り方】

1. ブロッコリーは小房に分けてラップに包み、電子レンジで30秒加熱し、蒸らす。
2. 1にしらす干し、しょうゆを加えて和える。

しらす干しは塩気があるので、熱湯で湯通ししてもいいでしょう。

副菜 かぼちゃとレーズンのサラダ

【材料(1人分)】

かぼちゃ……40g
レーズン……小さじ1
フレンチドレッシング（市販のもの）……小さじ1

【作り方】

1. かぼちゃは1cm角に切る。
2. 耐熱容器に1、レーズンを入れ、ふんわりラップをして電子レンジで30秒加熱し、蒸らす。
3. 2にドレッシングを加えて和える。

かぼちゃはラップをふんわりかけて加熱することで、ホクホクの食感に。

副菜 いんげんのツナマヨ和え

【材料(1人分)】

いんげん……4本
ツナ(水煮缶)……10g
マヨネーズ・ケチャップ……各小さじ1/2

【作り方】

1. いんげんは、筋を取り除いて2cm長さに切り、ラップに包んで電子レンジで30秒加熱し、蒸らす。
2. 1に水気を切ったツナ、マヨネーズ、ケチャップを加えて和える。

いんげんは蒸らす時間を念頭に置いて、少しかために加熱しましょう。

column

市販のおやつはやめたほうがいい？

**スーパーやコンビニのお菓子売り場には、魅力的な商品がいっぱい。
お友達と集まったときなどは、市販のお菓子を食べることも多いでしょう。
市販品は味の刺激が強く高カロリーのものが多いので、表示を見て選ぶことが大切です。**

商品表示を見て選ぶことが大切

ごはんは毎日手作りしていても、おやつまで全部手作りできる人は少ないかもしれません。手作り派の人でも、お出かけしたときやお休みの日ぐらい市販品で済ませたくなるでしょう。たまの息抜きは悪いことではありません。ただし、少し気を使って商品を選ぶようにしましょう。

表示されている材料やカロリー表示を確認して、極端に味の濃いものや高カロリーのものは避けます。袋菓子なら、適当な量を取り分けて出すようにしましょう。

カロリーの高い清涼飲料水も要注意。果汁量が多いものは糖分も多く、お菓子に相当するものも少なくありません。おやつがドーナツなど糖分が多いもののときは、飲み物は水かお茶にしましょう。

市販品だけに頼りすぎないで

いまは、テレビやアニメの影響が強いので、商品の内容よりも、子どもの喜ぶキャラクターのついたものを買う親が増えています。「買わなきゃ帰らない！」とごねられて、つい子どもの言いなりになって買ってしまうことも少なくないようです。

刺激の強い市販の味ばかりに慣れてしまうと、今度は口当たりのやさしい手作りの味を食べなくなってしまいます。ときどきのお楽しみは残しながら、偏りすぎずに市販品とつき合っていくようにしたいものです。

市販品を選ぶときは、食品表示（栄養成分や原材料）を必ず見て、子ども用に配慮して作られたものを探してみてください。

おやつは1日に必要なエネルギー量の10～15％

3回の食事に影響しない程度の量を与えましょう。

1～2歳

1日の推定エネルギー必要量
男の子 950kcal
女の子 900kcal

↓

おやつ
100～150kcal

3～5歳

1日の推定エネルギー必要量
男の子 1300kcal
女の子 1250kcal

↓

おやつ
約200kcal

市販おやつのカロリーの目安	
赤ちゃんせんべい 1枚	8kcal
キャラメル 5g	22kcal
ミルクチョコレート 10g	56kcal
クリームパン 75g	229kcal
ポテトチップス 40g	222kcal

編集部調べ

出典：「子どもの食と栄養」／全国社会福祉協議会、「日本人の食事摂取基準（2020年版）」／厚生労働省

Part 7

とっておき&Happyレシピ

お正月やクリスマスなど、季節の行事には
家族揃ってごちそうを食べたいもの。
子どもにとっては特別な
おべんとうレシピも紹介します。

お正月

黄金色に輝く財宝にたとえた「きんとん」、紅白の色がめでたい「なます」など、
縁起のよいいわれのある伝統料理を取り入れて、家族で新年をお祝いしましょう。
※分量はすべて大人2人分、子ども2人分です。

主食 雑煮

【材料】

もち……3個
鶏もも肉……100g
小松菜……2株
にんじん……少々
里いも……小1個
だし汁……2と1/2カップ
A 塩……小さじ2/5
A しょうゆ……少々

【作り方】

1. 鶏肉は小さく切る。小松菜はざく切り、にんじんは花型に抜く。里いもはいちょう切りにし、塩ゆでしてぬめりを取る。
2. 鍋にだし汁、鶏肉、にんじんを入れて煮る。
3. にんじんがやわらかくなったらAを入れて味をととのえ、小松菜、里いも、もち(子ども用は小さく切る)を入れて、ひと煮する。

副菜 きんとん

【材料】

さつまいも……小1本(約250g)
りんご……1/2個
レモン汁……1/4個分
砂糖……大さじ1/2

【作り方】

1. さつまいもは2cm厚さの輪切りにし、厚く皮をむいて水にさらす。りんごは皮付きのままいちょう切りにし、レモン汁と合わせて耐熱容器に入れ、ラップをして電子レンジで1分加熱し冷ます。
2. 鍋にさつまいもとかぶるくらいの水を入れて、やわらかくなるまでゆで、ゆで上がったら、つぶす。
3. 2が熱いうちに砂糖を加え、りんごも加えて混ぜる。

主菜 ぶりの照り焼き

【材料】

ぶり(切り身)……3切れ
片栗粉……少々
サラダ油……少々
A しょうゆ・みりん・酒・水……各小さじ2

【作り方】

1. ぶりは片栗粉をまぶす(1切れは子ども用に6等分にし、片栗粉をまぶす)。
2. フライパンにサラダ油を熱し、1を入れ、両面を焼く。
3. 焼けたらAを回し入れてからめる。

副菜 手綱こんにゃく

【材料】

こんにゃく……小1枚
ごま油……小さじ1
だし汁……1/4カップ
A しょうゆ・みりん……各小さじ1/2
かつお節……2g

【作り方】

1. こんにゃくは8mm厚さに切り、中央に切れ目を入れてくぐらせ、手綱状にする。
2. 1をゆでて、ざるにあげて水気を切る。
3. 鍋にごま油を熱し、2を炒りつけ、だし汁、Aを入れ、煮汁がなくなるまで炒り煮する。
4. 3にかつお節をまぶす。

副菜 大根とにんじん、れんこんのなます

【材料】

大根……90g
にんじん……30g
れんこん……30g
A 酢・水……各大さじ1
A 砂糖……大さじ1
A 薄口しょうゆ……少々

【作り方】

1. 大根とにんじんはせん切り、れんこんは薄いいちょう切りにする。
2. 1をサッとゆでて、ざるにあげる。
3. 鍋にAを入れて煮立て、2を加える。
4. 3を冷ます。

※手綱こんにゃくは3歳以降に与えるなら安心。適宜、食べやすく切ってあげましょう。
※3歳までは、のどにつまらせる心配があるので、雑煮にもちは入れないようにします。それ以降も、小さく切って入れるようにしましょう。

クリスマス

キリストの誕生日であるこの日。お祝いの料理は国によってさまざまですが、日本ではチキンが定番。クリスマス風のデコレーションも活用して、パーティー気分を演出しましょう。
※分量はすべて大人2人分、子ども2人分です。

主食 型抜きケチャップライス

【材料】
温かいご飯……400g
コーン（缶詰）……大さじ2
ケチャップ……大さじ2

【作り方】
1. ご飯にケチャップを均一に混ぜる。
2. 1にコーン（飾り用に適量を取っておく）を入れて混ぜ合わせ、型を抜く。飾り用のコーンをのせる。

主菜 チューリップチキンフライ

【材料】
鶏手羽先……8本
酒……大さじ1
塩……小さじ1/4
しょうが汁……少々
片栗粉……大さじ1と1/2
揚げ油……適量

【作り方】
1. 手羽先をチューリップにする（右、下記参照）。
2. ボウルに酒、塩、しょうが汁、1を入れてもみ込み、30分ほどおく。
3. 2に片栗粉をまぶし、170℃の揚げ油で薄いきつね色になるまで揚げて一度取り出す。
4. 油の温度を190℃にあげて3を入れ、濃いきつね色になるまでカラッと揚げる。

<チューリップの作り方>
関節に包丁を入れ、関節をはずし（❶）、切れ目から骨を2本出す（❷）。肉を下にして、指で肉を下に下ろすようにしてから、細い方の骨をくるっとひねりながらはずして取り除く（❸）。肉の形を整え、関節から先の細い部分を切り落として完成（❹）。

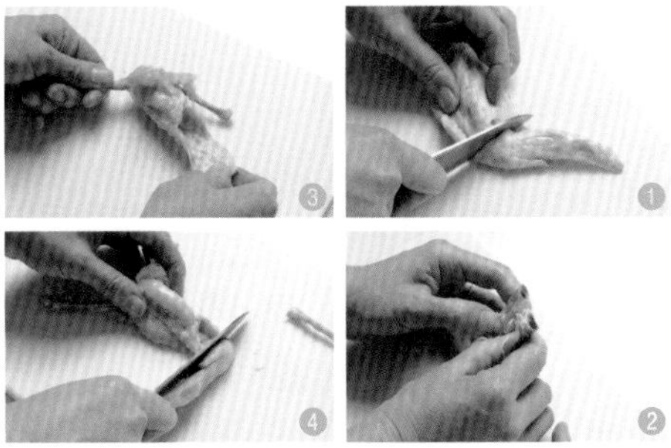

副菜 ブロッコリーとポテトのツリーサラダ

【材料】
ブロッコリー……1/2株
じゃがいも……2個
牛乳……大さじ4
バター……大さじ1
塩……少々

【作り方】
1. ブロッコリーは小房に分けてゆでる。じゃがいもはゆでてつぶす。
2. じゃがいもが熱いうちに牛乳、バター、塩を加えて混ぜてなめらかにする。
3. 器に2をツリーのように形を整えて盛り、ブロッコリーをさす。

汁もの パスタ入り野菜スープ

【材料】
パスタ……50g
キャベツ……2枚
玉ねぎ……1/4個
トマト……1個
ベーコン……1枚
オリーブ油……小さじ1
水……3カップ
顆粒コンソメ……大さじ1/2
塩・こしょう……各少々

【作り方】
1. キャベツと玉ねぎは1cm角に、トマトは1cmのさいの目に切る。ベーコンは1cm幅に切る。
2. 鍋にオリーブ油を熱し、ベーコンを炒め、脂が出てきたらキャベツ、玉ねぎ、トマトを加えて炒め、水、コンソメを加える。
3. 2が煮立ったら、パスタを加え、袋の表示時間通りにゆでて、塩、こしょうで味をととのえる。

おやつ フルーツポンチ

【材料】
オレンジ……2個
りんご……1/2個
キウイフルーツ……1個
はちみつ・砂糖……各大さじ1
レモン汁……大さじ1

【作り方】
1. オレンジ1個は果汁をしぼり、もう1個は果肉を取ってひとくち大に切る。りんごは皮付きのままいちょう切り、キウイフルーツもいちょう切りにする。
2. オレンジの汁に果物をすべて加えて混ぜ合わせ、なじんだらはちみつ、砂糖、レモン汁を加えて全体を混ぜて、冷やす。

ひな祭り

女の子のすこやかな成長を願う行事で、桃の節句ともいいます。
定番のちらし寿司をはじめ、見た目にも華やかな料理でお祝いしましょう。
※分量はすべて大人2人分、子ども2人分です。

主食＋主菜 ケーキちらし

【材料】

米	2合
絹さや	3枚
卵	1個
塩	少々
サラダ油	少々
まぐろ（刺し身）	90g
たい（刺し身）	60g
いくら	15g
刻みのり	少々
昆布	5cm
水	1と4/5カップ
酒	大さじ1
すし酢	大さじ4

※まぐろとたいの刺し身は、新鮮なものなら2歳から与えてOKです。

【作り方】

1. 米、昆布、水を炊飯器に入れて30分ほどおいた後、昆布を取り出し、酒を加えてサッと混ぜて炊く。ご飯が炊き上がったら、すし酢を加え、混ぜて蒸らす。
2. 絹さやはゆでてせん切りにする。卵は溶きほぐし、塩を入れて、サラダ油を熱したフライパンで薄く焼き、細く切って錦糸卵を作る。
3. ボウルやケーキ型にラップを広げ、1のすし飯を半分の深さまで入れて、押しつける。錦糸卵、のりを重ね、さらにすし飯を入れて押しつける。
4. 3を器にあけ、まぐろ、たい、いくらをのせ、絹さやを散らす。

副菜 花形にんじんの梅煮

【材料】

にんじん		1/2本
A	だし汁	1/2カップ
A	梅干し	1個

【作り方】

1. にんじんは7mm厚さの輪切りにし、花型で抜く。
2. 鍋に1、Aを入れて、にんじんがやわらかくなるまで煮る。器に盛り、一緒に煮た梅干し少々をのせる。

汁もの ほうれん草とうずら卵のすまし汁

【材料】

ほうれん草	100g
うずら卵	10個
だし汁	3カップ
しょうゆ	小さじ1
塩	少々

【作り方】

1. ほうれん草は、ゆでて2cm長さに切る。
2. 鍋にだし汁を入れて温め、しょうゆ、塩で味をととのえ、1、半分に切ったうずら卵を入れてひと煮する。

おやつ ひしもち風三色かん

【材料（縦11×横14×深さ4.5cmの流し缶1個分）】

抹茶牛乳かん	
抹茶	小さじ1
牛乳	3/4カップ
水	1/2カップ
砂糖	大さじ2
粉寒天	2g
牛乳かん	
牛乳	3/4カップ
水	1/2カップ
砂糖	大さじ2
粉寒天	2g
いちご牛乳かん	
いちご	5個
牛乳・水	各1/2カップ
砂糖	大さじ2
粉寒天	2g

【作り方】

1. 抹茶牛乳かんを作る。鍋に水、砂糖、粉寒天を入れて火にかけ、寒天が溶けたら1分ほど煮立てて抹茶と牛乳を加え、流し缶に入れる。
2. 1が固まる間に、牛乳かんを作る。鍋に牛乳以外の材料を入れて火にかけ、寒天が溶けたら1分ほど煮立てて牛乳を加え、1に流し込む。
3. 2が固まる間に、いちご牛乳かんを作る。いちごはへたを取り、ミキサーに入れてピューレ状にする。鍋にいちごと牛乳以外の材料を入れて火にかけ、寒天が溶けたら1分ほど煮立て、牛乳といちごを加え、2に流し込む。
4. 3が固まったら型から出し、ひし形に切り分ける。

こどもの日

端午の節句といい、現在では「こどもの日」として親しまれています。
古くからこの日に食されている料理や、季節の食べ物でお祝いしましょう。
※分量はすべて大人2人分、子ども2人分です。

主食 ちまき

【材料】
もち米……2合
鶏もも肉……120g
A しょうゆ・酒……各小さじ1
　しょうが汁……少々
干ししいたけ……3個
干しえび……大さじ1
ミックスベジタブル……100g
B しょうゆ……大さじ1
　砂糖・酒……各大さじ1/2
　塩……小さじ1/3
サラダ油……大さじ3
しょうゆ……大さじ1

【作り方】
1. もち米は洗って2時間ほど浸水し、ざるにあけて水気を切る。鶏肉は細切りにし、Aに漬けておく。干ししいたけと干しえびは湯1/3カップ（分量外）で戻し、干ししいたけはさいの目に切る。
2. フライパンにサラダ油半量を熱し、鶏肉、干ししいたけ、干しえび、ミックスベジタブルを炒め、肉の色が変わったらBを加えて炒め、汁ごと取り出す。
3. 2のフライパンに残りのサラダ油を入れ、もち米を炒める。米が透き通ってきたら、しょうゆを加えて混ぜ、2を戻して全体をサッと混ぜる。
4. 3を12等分してそれぞれアルミホイルで包み、蒸気の上がった蒸し器で30分ほど蒸す。

主菜 牛肉のたけのこ巻き焼き

【材料】
ゆでたけのこ……2個（120g）
牛しゃぶしゃぶ用薄切り肉……300g
スナップえんどう……6個
塩・こしょう……各少々
小麦粉……適宜
サラダ油……大さじ1
A しょうゆ・みりん・オイスターソース・水……各小さじ2

【作り方】
1. ゆでたけのこは、1個を6等分に切っておく。スナップえんどうはすじをとって、ゆで、食べやすく切る。
2. 牛肉を広げ、塩、こしょう、小麦粉をふり、1を巻く。
3. フライパンにサラダ油を熱し、2の巻き終わりを下にして焼きつけ、全面を焼く。混ぜ合わせたAを加えてからめる。

汁もの たいと三つ葉のすまし汁

【材料】
たい（切り身）……1切れ
三つ葉……少々
昆布……10cm
水……3カップ
しょうゆ……少々
塩……少々

【作り方】
1. たいはそぎ切りにし、三つ葉はざく切りにしておく。
2. 鍋に昆布、水を入れて火にかけ、煮立つ寸前に昆布を取り出し、たいを加えてサッと煮る。
3. 2にしょうゆ、塩を入れて味をととのえ、器に盛って三つ葉を散らす。

おやつ かしわもち

【材料】
こしあん……80g
よもぎ入り白玉粉……150g
片栗粉……大さじ3
砂糖……大さじ2
水……3/4カップ

【作り方】
1. こしあんは、30gを2個、10gを2個ずつ丸めておく。
2. 耐熱容器によもぎ入り白玉粉、片栗粉、砂糖を入れてよく混ぜ合わせ、水を加えて耳たぶくらいのかたさに練る。
3. ふんわりとラップをし、電子レンジで1分加熱したら、木べらなどでこねる。これを3回繰り返す。
4. 手に片栗粉適量（分量外）をつけて3を3等分する。ふたつはそれぞれ楕円に広げ、丸めたこしあん30gをのせて半月に折って形を整える。残ったひとつは子ども用にさらに2等分して楕円に広げ、丸めたこしあん10gをのせて半月に折って形を整える。

※かしわもちは3歳以降に与えるのは問題ありません。適宜、小さくちぎって与えましょう。

おべんとうレシピ

**3歳頃になると、外でおべんとうを食べることもあります。
子ども向けおべんとう作りのコツを身につけましょう。**

おべんとう作りのキホン

おべんとうだからといって、張り切ってつめ込みすぎるのはＮＧ。せっかく作ってくれたのだからと、無理をして食べて気分が悪くなってしまったり、食べきれずに負担に感じてしまったりすることも。いつもの食事の量より少し少なめくらいを心がけ、足りない分はおやつや夕ごはんで補えばＯＫ。また、食欲をそそるには彩りも大切。赤、黄色、緑など、色彩豊かなおべんとうに仕上げたり、ピックを使ったりしましょう。

※ピックは3歳くらいまでは使用しないようにしましょう。

おべんとうも普段の献立と同じ

おべんとうを考える際も、基本はご飯やパンなどの主食に、肉や魚などの主菜、野菜や果物などの副菜を入れてバランスよく。主食をおべんとう箱の半分につめ、残り半分の1/2に主菜、1/2に副菜をつめるとバランスのいいおべんとうになります。

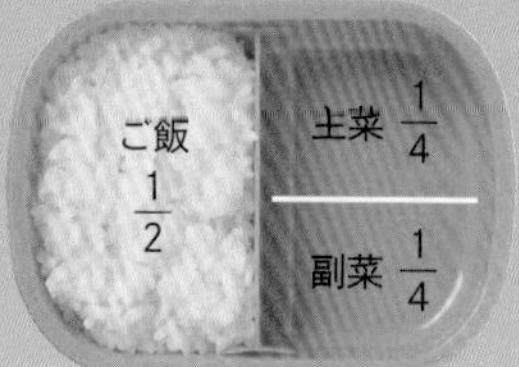

おべんとう作りのポイント

おべんとうを作る際は、衛生面も十分注意して作るよう心がけましょう。

❶ 食べやすいよう工夫する

おかずは、ひとくち大に切り揃えたり、ピックに刺したりすると食べやすくなります。まだスプーンがうまく使えないなら、ご飯も手づかみで食べられるよう、おにぎりにするのがおすすめ。

お箸やフォークで取りやすいよう、小さめに切って。

❷ ご飯・おかずは冷めてから

おべんとう箱につめる際には、ご飯やおかずを冷ましてから入れること。冷めないうちに蓋をすると細菌が繁殖し、傷みやすくなります。おべんとう箱も、きれいに洗って乾かしたものを。

おかずはバットや大きなお皿に広げると、早く冷ますことができます。

❸ 使いやすいおべんとう箱を

おべんとう箱の蓋の開け閉めは、意外と力が必要です。蓋の開け閉めがスムーズにできるか、箸箱がスムーズに開けられるかチェックして、子どもが使いやすいものを選びましょう。

小さい子どもは、蓋をしてゴムバンドなどで留めるタイプがおすすめ。

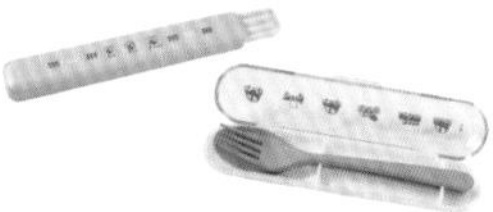

フォークやスプーン、お箸は、子どもの手や口のサイズに合った、使いやすいものを。

野沢菜おにぎりべんとう

おにぎりが主役のおべんとう。おにぎりは食べやすく成形しましょう。

主食 野沢菜おにぎり

【材料(1人分)】

ご飯……100～120g
野沢菜のみじん切り……小さじ1～2

【作り方】

1. ご飯に水気を切った野沢菜を加えて混ぜ合わせ、成形する。

主菜 豚肉のしょうが焼き

【材料(1人分)】

豚もも肉……2枚(40g)
片栗粉……小さじ1
サラダ油……少々
A しょうゆ・みりん・酒……各小さじ1/2
A しょうがのすりおろし……少々

【作り方】

1. 豚肉は2cm幅に切り、片栗粉をまぶす。
2. フライパンにサラダ油を熱し、1の両面を焼く。
3. 2にAを加えてからめる。

副菜 かぼちゃのごま和え

【材料(1人分)】

かぼちゃ……50g
A 白いりごま……小さじ1/2
A 砂糖……ひとつまみ
A しょうゆ……少々

【作り方】

1. かぼちゃはラップで包み、電子レンジで40秒加熱した後、食べやすい大きさに切る。
2. 1にAを加えて和える。

肉巻きおにぎりべんとう

ご飯に肉を巻いたおにぎりで、ボリュームたっぷり。

主食＋主菜 肉巻きおにぎり

【材料(1人分)】

ご飯……100～120g
牛しゃぶしゃぶ用薄切り肉……2枚(40g)
サラダ油……少々
しょうゆ・みりん・水……各小さじ1

【作り方】

1. ご飯は2等分し、それぞれ俵形に成形する。
2. 1に牛肉を巻く。
3. フライパンにサラダ油を熱し、2の巻き終わりを下にして、全面を焼く。
4. 3にしょうゆ、みりん、水を回し入れてからめる。

副菜 ブロッコリーのごま和え

【材料(1人分)】

ブロッコリー……20g
A すりごま……小さじ1
A 砂糖……少々
A しょうゆ……少々

【作り方】

1. ブロッコリーはラップで包み、電子レンジで20秒加熱した後、小房に分ける。
2. 1にAを加えて和える。

副菜 ミニトマト

【材料(1人分)】

ミニトマト……1個

おやつ うさぎりんご

【材料(1人分)】

りんご……1/6個

【作り方】

1. りんごはさらに縦半分に切る。それぞれ皮を残し、うさぎ切りにする。
2. 1を塩水に30秒ほど漬けて水気を切る。

ふりかけごはんを
のりで巻いただけ
の、手軽にできる
のり巻きです。

簡単のり巻きべんとう

主食 簡単のり巻き

【材料(1人分)】

ご飯……100～120g
ふりかけ……少々
のり……1/2枚

作り方

1. ご飯にふりかけを混ぜ込む。
2. まな板にラップを広げてのりをのせ、1を均一に広げ、端からラップごと巻く。おべんとう箱に合わせて切る。

主菜 えびと卵のふんわり炒め

【材料(1人分)】

むきえび……40g
卵……1個
鶏がらスープの素……ひとつまみ
ごま油……少々
塩……少々

【材料】

1. ボウルに卵を溶きほぐし、湯大さじ1（分量外）で溶いた鶏がらスープの素を加えて混ぜ合わせておく。
2. フライパンにごま油を熱し、むきえびを入れて炒め、1を加えてサッと炒めたら、塩で味をととのえる。

副菜 きゅうりちくわ

【材料(1人分)】

ちくわ……1/2本
きゅうり……1/4本

【材料】

1. ちくわに縦4等分に切ったきゅうりをつめて、おべんとう箱に合わせて切る。

磯辺焼きべんとう

主食 ご飯

【材料(1人分)】

ご飯……100～120g　ふりかけ……少々

主菜 さけの磯辺焼き

【材料(1人分)】

生ざけ（切り身）……1/2切れ
酒……小さじ1
焼きのり……少々
片栗粉……少々
サラダ油……少々
A しょうゆ・みりん……各小さじ1/2

【材料】

1. さけはそぎ切りにし、酒をふる。10分ほどおいたら、水気を切り、のりを帯状に巻く。
2. 1の両面に片栗粉をまぶす。
3. フライパンにサラダ油を熱し、2の両面を焼き、Aを加えてからめる。

副菜 スナップえんどうのソテー

【材料(1人分)】

スナップえんどう……3本
サラダ油……少々
塩……少々

【材料】

1. スナップえんどうは筋を取ってラップで包み、電子レンジで20秒加熱した後、食べやすい大きさに斜め切りにする。
2. フライパンにサラダ油を熱し、1をソテーして、塩をふる。

甘辛く味付けし
たさけがメイン
なので、ご飯はシ
ンプルに。

ハンバーグサンドべんとう

主食 + 主菜 ハンバーグサンド&ジャムサンド

【材料(1人分)】

サンドイッチ用パン……2枚
バター……少々
キャベツのせん切り……1/4枚分
ハンバーグ……1個
ケチャップ……小さじ1
ジャム……適量

【材料】

1. パンにバターを塗り、それぞれ半分に切る。
2. パンひと切れの上にキャベツをしき、その上にハンバーグをのせてケチャップをかけ、もうひと切れのパンではさむ。残りのパンひと切れには全面にジャムを塗り、残ったパンではさむ。
3. おべんとう箱に入るサイズに切る。

副菜 ほうれん草とコーンのカレーソテー

【材料(1人分)】

ほうれん草……1株
コーン(缶詰)……小さじ2
酒……小さじ1
カレー粉……少々
サラダ油……少々

【材料】

1. ほうれん草はラップで包み、電子レンジで20秒加熱した後、食べやすい大きさに切る。
2. 酒とカレー粉を混ぜ合わせておく。
3. フライパンにサラダ油を熱し、1、コーンを入れて炒める。2を加えて味をととのえる。

サンドイッチは具を入れすぎないようにして、食べやすい大きさに切ります。

子どもが大好きなめんが主役のおべんとう。スパゲティも人気です。

えび焼きそばべんとう

主食 + 主菜 えび焼きそば

【材料(1人分)】

むきえび……40g
豚こま肉……30g
キャベツ……1/2枚
パプリカ(赤)……1/6個
中華めん(生)……1/2玉
サラダ油……小さじ1
A ウスターソース・酒……各小さじ1
青のり……少々

【材料】

1. 豚肉は食べやすい大きさに切る。キャベツは短冊切り、パプリカはせん切りにする。中華めんは耐熱容器に入れ、ラップをして電子レンジで1分加熱する。
2. フライパンにサラダ油を熱し、えび、豚肉を入れて炒め、火が通ったら、キャベツとパプリカを加えてさらに炒め、最後に中華めんを加える。
3. 2にAを加えて味をととのえる。青のりをふる。

副菜 バターしょうゆコーン

【材料(1人分)】

ヤングコーン……5本
バター……小さじ1
しょうゆ……小さじ1/2

【材料】

1. フライパンにバターを溶かし、5mm幅に切ったコーンを炒め、しょうゆで味をととのえる。

ピクニック

ピクニックべんとう
（大人2人分+子ども1人分）

ご飯をおにぎりにしたり、おかずを手づかみ食べしやすいようにしたりすると、グッと食べやすくなります。

主食 おかかおにぎりと塩むすび

【材料】

ご飯……500～600g
かつお節……4g
しょうゆ……小さじ1～2
塩……適量

【作り方】

1. ボウルにかつお節としょうゆを入れて混ぜ、ご飯半量を加えて混ぜ合わせ、俵形に成形する。
2. 残りのご飯は、三角形に成形後、塩をふる。

主菜 えびフライ

【材料】

えび……8本
塩……少々
小麦粉……適量
溶き卵……1個分
パン粉……適量
揚げ油……適量
ケチャップ……適量

【作り方】

1. えびは尾を残して殻をむき、背わたを取り除き、塩をふって下味をつける。
2. 1に小麦粉、卵、パン粉の順で衣をつける。
3. 2を170℃の揚げ油でカラッと揚げる。ケチャップを添える。

副菜 アスパラガスのベーコン巻き焼き

【材料】

グリーンアスパラガス……3本
ベーコン……3枚
サラダ油……小さじ1

【作り方】

1. 食べやすい長さに切ったアスパラガスにベーコンを巻き、つまようじを刺す。
2. フライパンにサラダ油を熱し、1の両面をソテーする。

副菜 かぼちゃの茶巾サラダ

【材料】

かぼちゃ……150g
レーズン……大さじ1
フレンチドレッシング（市販のもの）……大さじ1

【作り方】

1. かぼちゃはひとくち大に切り、皮をまだらにむく。レーズンはぬるま湯につけて戻し、半分に切る。
2. 耐熱容器にかぼちゃを入れて、ふんわりとラップをして、電子レンジで3分加熱する。
3. 2を粗くつぶし、フレンチドレッシング、レーズンを加えて混ぜ合わせる。
4. ラップで茶巾に成形する。

おやつ 季節の果物

【材料】

オレンジ……適量

【作り方】

1. オレンジを食べやすい大きさに切る。

※3歳くらいまではつまようじは使わないようにしましょう。

運動会

運動会べんとう
（大人2人分+子ども1人分）

たくさん動いた後なので、食べ応えのあるメニューに。
サラダは1人分ずつカップに入れると、食べやすくなります。

主食 いなり寿司

【材料】

- 油揚げ……2と1/2枚
- 米……1合
- A
  - だし汁……1カップ
  - 砂糖……大さじ1と1/2
  - しょうゆ……大さじ1と1/3
  - みりん……大さじ1
- 合わせ酢（酢大さじ2、砂糖大さじ1と1/2、塩小さじ1/2を混ぜたもの）
- 白いりごま……少々

【作り方】

1. 油揚げの上で菜箸を転がしてから2枚は半分に切り、たっぷりの湯で2分ゆでる。水で洗ってしぼり、袋状に開く。
2. 鍋にAと1を入れて煮立て、落とし蓋をして、汁気が少なくなるまで煮て、冷ます。子ども用に、1/2枚をさらに半分に切る。
3. かために炊き上げたご飯に合わせ酢を加え、ごまを加えてさっくり混ぜて5等分にし、俵形にする。子ども用に1/5量をさらに半分にし、俵形にする。
4. 俵形にしたご飯を2につめる。

主菜 串カツ

【材料】

- 豚ヒレ肉……250g
- 塩・こしょう……各少々
- パプリカ（赤）……1/2個
- 長ねぎ……1本
- 小麦粉……適量
- 溶き卵……1個分
- パン粉……適量
- 揚げ油……適量

【作り方】

1. 豚肉とパプリカ、ねぎは串に合わせて食べやすい大きさに切る。豚肉に塩、こしょうで下味をつける。
2. 串に豚肉、パプリカ、ねぎを刺す。
3. 2に小麦粉、卵、パン粉の順で衣をつける。
4. 3を170℃の揚げ油でカラッと揚げる。

※串カツと野菜串は、3歳くらいまでは串を使用しないようにしましょう。
※野菜串のミニトマトは3歳くらいまでは刻んであげましょう。

副菜 野菜串

【材料】

- きゅうり……1/2本
- ミニトマト……3個

【作り方】

1. きゅうりは皮をピーラーでまだらにむき、串に合わせて食べやすい大きさに切る。
2. 串にきゅうり、ミニトマト、きゅうりの順に刺す。

副菜 キャベツサラダ

【材料】

- キャベツ……3枚
- にんじん……1/4本
- すし酢（市販のもの）……大さじ1
- コーン（缶詰）……大さじ1
- マヨネーズ……大さじ2〜3
- 塩……少々

【作り方】

1. キャベツとにんじんは、せん切りにする。
2. 1をポリ袋に入れて、すし酢を加えて揉み、水気が出るまでしばらくおく。
3. ボウルに水気を切った2、コーンを合わせ、マヨネーズ、塩を加えて混ぜ合わせる。

おやつ りんごのレモン煮

【材料】

- りんご……小1個
- レモン……1/8個
- 砂糖……大さじ1

【作り方】

1. りんごはよく洗い、皮つきのままくし形切り、レモンは薄めのいちょう切りにする。
2. 耐熱ボウルに1を入れ、砂糖をまぶし、ラップを落とし蓋代わりに1枚かぶせ、その上にさらにふんわりとラップをして、電子レンジで2〜3分加熱する。そのまま粗熱が取れるまでおく。

column

食べることが楽しくなるお手伝いのポイント

**食材や包丁に触りたがったり、買い物かごを持ちたがったり。
これは子どもにとってはやってみたい、手伝いたい、という心の表れ。
食への好奇心が広がる「お手伝い」のきっかけを作ってあげましょう。**

お手伝いから食の興味を引き出す

幼児期のお手伝いは、大人のマネから始まります。1～2歳の頃はまだ手伝いなんてと思うかもしれませんが、大人と同じことをしてみたい気持ちを尊重してあげましょう。最初のお手伝いは、ごっこ遊びの感覚でやってもらうのが一番です。

たとえば、テーブルの上を拭くこと。はじめは全然きれいになりませんが、達成感を優先します。「やってくれて助かったわ、ありがとう」と褒めてあげましょう。徐々にうまくなれば、遊びがお手伝いになります。

ほかには、買ったものをかごに入れてもらう、落としても壊れない小皿を運んでもらう、お箸を並べてもらう、ミニトマトをのせてもらう、レタスをちぎってもらうなど、簡単なことからやらせてみましょう。特に食材に触れるお手伝いは、食への関心を引き出します。いつもは食べないトマトも、自分で洗ったり盛り付けたりしたものだけは食べるようになった、という話も聞きます。

褒められたい気持ちを尊重して

3歳にもなれば少し器用になり、もやしのひげ根を取る、卵を割る、混ぜるといった簡単な調理ならできる子も多くいます。ただ、まったく興味を示さなかったり、できなくて癇癪を起こしたりするようなら、別の日にしましょう。褒められてうれしい、ママやパパが喜ぶことをしたいといった気持ちが、お手伝いの芽を育てるのです。

専用のエプロンで「お手伝いモード」を作るのも、意外に効果がありますよ。

幼児ができるお手伝いリスト

食への関心が高まるよう、積極的にお手伝いをさせましょう。

- □スーパーで食材を探す
- □食材をかごに入れる
- □レタスの葉をちぎる
- □きのこ類を小房に分ける
- □のせるだけの盛り付けをする
- □食材を混ぜる
- □テーブルを拭く
- □お皿やコップを運ぶ
- □お箸を用意して並べる
- □食べた後、食器を下げる

Part 8

食物アレルギー対策レシピ

卵、牛乳・乳製品、小麦、大豆など
特定の食品を食べることで起こる食物アレルギー。
アレルギーの基本を知って、
正しく対処しましょう。

●さまざまな症状があらわれる

食物アレルギーとは？

特定の食べ物が原因となり、いろいろな症状を引き起こす食物アレルギー。まずは正しい知識をもち、医師の判断を仰ぐことが重要です。

食物アレルギーは子どもに起こりやすい症状

食物アレルギーとは特定の食べ物を口にしたとき、皮膚のかゆみや発疹、嘔吐といった不快症状が起こること。人間には本来、体に侵入したウイルスなどの異物を取り除こうとする免疫機能が備わっており、有害なものに対して免疫が働きます。ところが、この免疫が無害であるはずの食べ物に過剰に反応して、アレルギーが引き起こされるのです。

通常、食べ物は体内に入ると消化吸収されて栄養素として使われますが、消化されないまま吸収されると、有害と判断されることがあります。とくに3歳くらいまでの乳幼児は消化機能が十分に発達しておらず、免疫機能も不十分なため、食べ物に対するアレルギー反応が起こりやすいのです。症状は全身におよび、症状の重さには個人差があります。

自己判断は控えて医師の指示に従うことが大切

食物アレルギーを起こしやすい食品は、卵、牛乳、大豆、小麦粉。そのほか、そばやナッツ類、魚介類、野菜、果物などもアレルギーの原因になります。これらの食品だけでなく、乳幼児にはじめての食品を与えるときには、少量ずつ、目安としてはスプーン1杯から始めてください。また、はじめての食品を与えるのは1日1種類のみとし、食後の体調に変化がないか、しっかりチェックすることが大切です。

食物アレルギーがあるかどうかを知るには、専門の医師の診断が必要。自己診断で特定の食べ物を除去するのは避けてください。

また、食物アレルギーと診断された場合は、必ず医師の指示に従って食事療法を行いましょう。

おもなアレルギーの症状

アナフィラキシーショック

短時間で全身に重篤な症状があらわれること。全身にじんましんが出る、呼吸困難に陥る、血圧が低下する、意識障害が起こるなど。症状が出るまでの時間はまちまちだが、食べ物の場合は消化・吸収されるまでに時間がかかるので、食べた後、少し時間が経ってからというケースが多い。

アレルギーを起こしやすい食品

卵

卵白のたんぱく質成分が、アレルギーの原因になることが多いようです。生で食べるより、加熱したほうが、アレルギーが起こりにくくなります。

気をつけたい食品

マヨネーズ、洋菓子(クッキー、ケーキほか)、めん類、揚げ物、練り物(かまぼこ、はんぺん、ちくわ)、肉加工品(ハム、ソーセージ、ハンバーグ)など

牛乳・乳製品

牛乳は加熱しても発酵しても、アレルギーを起こしやすいもの。カルシウム補給のために与えたくなりますが、小魚や海藻など、ほかの食品で補って。

気をつけたい食品

ヨーグルト、チーズ、バター、生クリーム、パン、洋菓子(カステラ、ビスケットほか)、アイスクリーム、グラタン、シチュー、スープなど

小麦粉

パンやうどん、お菓子をはじめ、小麦はさまざまな食品に含まれているので注意が必要です。また、加熱してもアレルゲンは低下しません。

気をつけたい食品

パン、めん類、パスタ、揚げ物、市販のルウ、洋菓子(ケーキ、クッキーほか)、みそ、しょうゆなど

大豆

しょうゆやみそなど、大豆は和食に欠かせない食品です。最近では、雑穀を使った代替品も出ているので上手に取り入れて献立に生かしましょう。

気をつけたい食品

しょうゆ、みそ、豆腐、油揚げ、おから、納豆、きなこ、サラダ油など

そば

少量でもアナフィラキシーショックを起こしやすいので要注意。家族にアレルギー歴がある場合は、与える時期などを医師に相談しましょう。

気をつけたい食品

そば粉を使った食品(和菓子、ガレット、パンケーキほか)、韓国冷めん、はちみつなど

ナッツ類

わずかな量でもアナフィラキシーショックを起こしやすく、殻がアレルゲンになることも。隠し味に使われている場合が多いので気をつけて。

気をつけたい食品

ピーナツ、カシューナッツ、アーモンド、ピスタチオ、くるみ、チョコレート(ナッツ入り)、スナック菓子、市販のドレッシングやソースなど

魚介類

えび、かになどの甲殻類、さば、さけをはじめとした魚全般のほか、かまぼこ、ちくわ、ツナ缶といった魚を使った加工品も多いので注意が必要です。

気をつけたい食品

魚卵、貝、いか、たこ、しらす干し、ちりめんじゃこ、練り物(かまぼこ、ちくわほか)、ツナ缶など

野菜・果物

トマトなどナス科の野菜や、キウイフルーツなどの果物もアレルギーを引き起こします。お菓子・ジュースの材料にもなるので、買い物時にチェックを。

気をつけたい食品

トマト、いも類、セロリ、キウイフルーツ、もも、パイナップル、メロン、お菓子、ジュースなど

卵アレルギー対策レシピ

鶏卵を使用している食材はいろいろありますが、
代用品をうまく使って栄養が偏らないようにしましょう。

主菜

つなぎに片栗粉を使用

卵抜きハンバーグ

【材料(1人分)】

玉ねぎ	10g
豚ひき肉	30g
片栗粉	小さじ1/2強
塩・こしょう	各少々
サラダ油	適量
ブロッコリー	1房
にんじん	5g
ケチャップ	少々

【作り方】

1. 玉ねぎはみじん切りにし、少量のサラダ油(分量外)を熱したフライパンで炒めて冷ましておく。

2. ボウルに**1**、豚肉、片栗粉、塩、こしょうを加えて混ぜ合わせる。小判形にし、中央をくぼませる。

3. フライパンにサラダ油を熱し、**2**を焼き色がつくまで弱火で2分ほど焼く。裏返して蓋をし、中弱火で4〜5分焼く。

4. **3**を器に盛り、塩ゆでしてひとくち大に切ったブロッコリー、ゆでて花型に抜いたにんじん、ケチャップを添える。

おやつ

ほのかに甘いやさしい味

卵抜き蒸しパン

【材料(作りやすい分量・2個分、1人分の目安・1個)】

	ほうれん草	5g
	にんじん	5g
	プルーン	1個
A	小麦粉	1/2カップ(50g)
A	ベーキングパウダー	小さじ1/2
	豆乳	40mL
	砂糖	大さじ1と2/3

【作り方】

1. ほうれん草はゆでて水にさらし、水気を切って細かく刻む。にんじんはゆでて粗みじん切りにする。プルーンは刻む。

2. ボウルに**A**をふるいにかけて入れ、豆乳と砂糖を加えて混ぜ合わせる。さらに、**1**を加えて混ぜる。

3. **2**を器に入れ、蒸気の上がった蒸し器で10〜15分蒸す。

卵を使わないことで、どっしりした質感のある蒸しパンに仕上がります。

主食

鮮やかな色合いで見た目も楽しい

かぼちゃのちらし寿司

【材料(1人分)】

ご飯	100g
きゅうり	10g
塩	少々
かぼちゃ	10g
梅干し	少々
しらす干し	大さじ1/2
白すりごま	少々

卵の代わりにかぼちゃを散らして黄色を演出。きゅうりと刻み梅を入れて、さっぱりと。

【作り方】

1. きゅうりは半月切りにして塩でもみ、水気を切る。
2. かぼちゃは皮をむき、ゆでて5mm角に切る。梅干しは細かく刻む。
3. ご飯に1、刻み梅、しらす干し、ごまを混ぜ合わせて器に盛り、かぼちゃを散らす。

おやつ

パンの代わりに麩で代用

お麩のラスク

【材料(1人分)】

	麩	8個
	バター	小さじ1
A	はちみつ	小さじ1
A	きなこ	小さじ1
B	カレー粉・塩	各少々

たんぱく質豊富な麩を使ったラスク。焦げやすいので様子を見ながら焼きましょう。

【作り方】

1. アルミホイルに麩を並べ、トースターで1分ほど焼く。
2. 一度取り出してバターを塗り、4個に混ぜ合わせたAを塗り、残り4個にBをふりかけ、トースターでさらに1分ほど焼く。

主菜

水と小麦粉で衣はOK

かじきフライ

【材料(1人分)】

	かじき(切り身)	30g
	塩	少々
A	小麦粉	小さじ2
A	水	小さじ2
B	パン粉	1/4カップ
B	パセリのみじん切り	小さじ1
	揚げ油	適量
	キャベツ	15g

【作り方】

1. かじきはそぎ切りにして塩をふり、小麦粉適量(分量外)を薄くまぶす。
2. ボウルにAを入れてよく溶き、1をくぐらせ、Bをまぶす。
3. 170℃の揚げ油で2をこんがりと揚げ、油を切る。
4. せん切りにしたキャベツの上に3をのせる。

牛乳・乳製品アレルギー対策レシピ

乳製品が食べられないと、カルシウム不足が気になりますが、
その分、小魚や大豆製品などを積極的に摂るよう習慣づけたいものです。

ミニトマトは適宜刻むなどしましょう。

主菜 豆乳でクリーミーさを出して

さけの豆乳クリーム煮

【材料(1人分)】

生ざけ(切り身)	30g
ほうれん草	10g
玉ねぎ	15g
にんじん	10g
さつまいも	20g
しめじ	10g
サラダ油	少々
顆粒コンソメ	小さじ1/3
湯	1/2カップ
豆乳	1/2カップ
塩・こしょう	各少々
水溶き片栗粉	少々

【作り方】

1. さけはひとくち大、ほうれん草は1cm長さに切り、玉ねぎは3cm長さの薄切りにする。にんじん、さつまいもは乱切りにし、しめじはほぐす。

2. フライパンにサラダ油を熱し、ほうれん草、玉ねぎ、にんじんを炒める。

3. 鍋にコンソメを溶かした湯、2、さつまいも、しめじを入れて煮る。野菜がやわらかくなったら豆乳、さけを加えて塩、こしょうで味をととのえる。

4. 3に水溶き片栗粉を入れてとろみをつける。

主菜 牛乳不使用のホワイトソース

チキン豆乳グラタン

【材料(1人分)】

鶏もも肉	30g
じゃがいも	30g
ブロッコリー	15g
ミニトマト	1個
玉ねぎ	10g
サラダ油	小さじ1/2
豆乳	1/3カップ
片栗粉	小さじ2/3
塩・こしょう	各少々
麩	少々

【作り方】

1. 鶏肉はそぎ切りにして塩少々（分量外）をふる。じゃがいもは1cm角に切ってゆでる。ブロッコリーはゆでて小房に分け、ミニトマトは1/8に切る。

2. フライパンにサラダ油を熱し、粗みじん切りにした玉ねぎを炒め、1を入れてさらに炒める。

3. 鍋に豆乳と片栗粉を入れてとろみをつけ、塩、こしょうで味をととのえる。

4. 2と3を混ぜ合わせ、サラダ油少々（分量外）を塗った器に入れる。砕いた麩を散らし、トースターで表面に焼き色がつくまで焼く。

汁もの

不足しがちなカルシウムを補給

いりこ入り豆腐と小松菜のみそ汁

【材料(1人分)】

木綿豆腐……10g
小松菜……10g
いりこ……3g
水……2/3カップ
みそ……小さじ2/3

いりこはだしをとるだけでなく、やわらかく煮て具として食べましょう。

【作り方】

1. 豆腐は1cm角に切り、小松菜は1cm長さに切る。
2. 鍋に水、いりこを入れ、1時間おいたら火にかけて煮立て、小松菜を入れる。
3. 小松菜がやわらかくなったら豆腐を加えて煮立て、みそを溶き入れる。

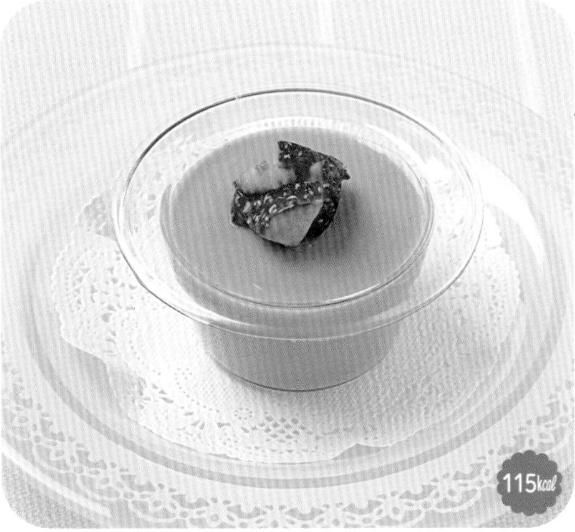

おやつ

豆腐がデザートに変身

いちご豆腐ババロア

【材料(1人分)】

粉ゼラチン……小さじ1/2
木綿豆腐……60g
砂糖……大さじ1と1/3
いちご……4～5個

牛乳を使わず、豆腐を使ったババロア。豆腐を絹ごし豆腐に替えると、よりやわらかい食感になります。

【作り方】

1. 粉ゼラチンは湯でふやかす。
2. 豆腐、砂糖、いちご3～4個(1個は飾り用に取っておく)をミキサーにかける。
3. 鍋に2を入れて温め、火からおろして1を加え、混ぜ合わせる。
4. 3を器に入れ、粗熱が取れたら、冷蔵庫で冷やし固める。固まったら、取っておいたいちごを4等分にしてのせる。

おやつ

おやつで栄養を補おう

カルシウムせんべい

【材料(1人分)】

ご飯……40g
切り干し大根(戻したもの)……10g
桜えび……小さじ1/2
黒いりごま……小さじ1/2
小麦粉……小さじ1
しょうゆ・塩……各少々
サラダ油……小さじ1/2
青のり……少々

【作り方】

1. 切り干し大根は刻む。ボウルにサラダ油と青のり以外の材料を入れて混ぜ合わせ、直径2cmの薄い丸形に伸ばす。
2. フライパンにサラダ油を熱し、1の両面を焼き、器に盛って青のりをふる。

小麦アレルギー対策レシピ

最近は米粉を使ったパンやめんなど、小麦を使っていない食材も多数揃っています。
メニューにバリエーションをつけて、飽きのこない献立作りを。

主食

噛み応えも十分

じゃがいものニョッキ

【材料(1人分)】

じゃがいも……1/2個
かぶ……15g
片栗粉……大さじ3
だし汁……大さじ1
ツナ(水煮缶)……大さじ1

小麦粉の代わりにじゃがいもを使ったニョッキはもちもちして、トマト系やクリーム系のソースにもよく合います。

【作り方】

1. じゃがいもはゆでて熱いうちにフォークでつぶす。片栗粉を混ぜ合わせて食べやすい大きさに丸め、フォークで軽く押して筋をつける。
2. 鍋に湯を沸かして1を入れてゆで、浮きあがったらざるにあげ、器に盛る。
3. かぶはすりおろし、葉は細かく刻む。
4. 鍋にだし汁、3を入れて煮る。水気を切ったツナを加えて混ぜ合わせ、2に添える。

主食 + おやつ

もっちりした食感を楽しんで

米粉のさつまいもホットケーキ

【材料(作りやすい分量・2人分)】

米粉……50g
さつまいも……20g
ベーキングパウダー……小さじ1
砂糖……小さじ2
卵……1個
牛乳または豆乳……大さじ2
米油……少々

小麦粉の代わりに米粉を使ったホットケーキ。もちもちした食感で、おなかにもたまります。さつまいものほのかな甘みも楽しめます。

【作り方】

1. さつまいもは皮付きのまま5mm厚さ1cm角の短冊切りにし、水にさらしておく。
2. 米粉、ベーキングパウダー、砂糖を混ぜて、卵を加えてよく混ぜる。
3. 2に牛乳または豆乳を加え、ぽたぽた程度のかたさにする。
4. 3に水気を切った、1を加える。
5. フライパンに米油を熱し、4を入れ、蓋をして中火で両面をきつね色に焼く。

主食 細めんが汁とからんでおいしい

ビーフン汁めん

【材料(1人分)】

ビーフン	20g
長ねぎ	10g
白菜	10g
絹さや	2枚
桜えび	小さじ1
ごま油	少々
鶏がらスープ	1カップ
しょうゆ	少々

【作り方】

1. ビーフンはゆでて5cm長さに切る。ねぎは粗く刻み、白菜と絹さやは斜めせん切りにする。
2. フライパンにごま油を熱し、1、桜えびを炒め、鶏がらスープを加えて煮る。
3. 野菜がやわらかくなったら、しょうゆで味をととのえる。

おやつ あられのようなカリカリ食感

カリカリ玄米粉マカロニ揚げ

【材料(1人分)】

玄米粉マカロニ	20g
米油	適量
塩	少々
カレー粉	少々
青のり	少々
きな粉	少々

【作り方】

1. 鍋に米油を熱し、低温から玄米粉マカロニを入れて、きつね色に揚げる。
2. 1の油をよく切り、塩、カレー粉、青のり、きな粉など好みのものをふりかけたり、まぶしたりする。

玄米粉のマカロニはすぐに揚がってしまうので、低温で揚げすぎないようにするのがポイント。米油は、さらっと軽く、癖がなく、酸化を防げ、からっと揚がるのでおすすめです。

副菜 ツルッとしたのどごしで食が進む

鶏ささみと春雨の和え物

【材料(1人分)】

春雨		15〜20g
きゅうり		10g
にんじん		5g
鶏ささみ		20g
A	しょうゆ	小さじ1/2
A	砂糖	小さじ1/5
A	マヨネーズ	小さじ2/3

【作り方】

1. 春雨は熱湯で戻して、食べやすい長さに切る。
2. きゅうりとにんじんは2cm長さのせん切りにし、ささみは筋を取ってゆで、細かく裂く。
3. 1、2を合わせ、Aを加えて和える。

緑豆やイモ類のでんぷんが原料の春雨は、めんの代わりにいろいろ応用できます。

大豆アレルギー対策レシピ

お菓子や缶詰など、多くの食品に含まれている大豆製品。
購入するときは、必ず表示を見るようにしましょう。

主菜

たんぱく質が豊富なウインナーが主役

和風ポトフ

【材料(1人分)】

ミニウインナー……3本
キャベツ……20g
にんじん……20g
玉ねぎ……20g
じゃがいも……20g
しめじ……10g
かぶ……20g
だし汁……1カップ
塩……少々
しょうゆ……少々

【作り方】

1. ウインナーは斜めに切り、ゆでる。キャベツはざく切り、にんじんは5mm厚さに切って好みの抜き型で抜く。玉ねぎはくし形切り、じゃがいもは乱切り、しめじは石づきを取り、半分にする。かぶは4等分に切り、かぶの葉はゆでて1cm長さに切る。
2. 鍋にだし汁を入れ、1(かぶの葉以外)を入れて煮る。
3. 野菜がやわらかくなったら、塩、しょうゆで調味し、かぶの葉を入れてひと煮する。

副菜

たんぱく質が手軽に摂れる

はんぺんとチーズのはさみ焼き

【材料(1人分)】

はんぺん……1/2枚
スライスチーズ……1/2枚
にんじん……5g
しょうゆ……少々
のり……適量

はんぺんは、大豆と同じく低脂肪、高たんぱく質な食材。大豆の代わりにはんぺんなどからたんぱく質を摂取しましょう。

【作り方】

1. はんぺんは半分にし、切り込みを入れる。
2. スライスチーズは半分に切り、にんじんは2mm厚さの輪切りにしてゆでる。
3. 1に2をはさむ。トースターで2分ほど焼き、しょうゆを塗ってのりを巻く。

※のりは3歳くらいまではちぎって与えましょう。

主菜 不足しがちなたんぱく質やカルシウムを補給

さんまのパン粉焼き

【材料(1人分)】

さんま(三枚おろし)……30g
トマト……1/5個
ブロッコリー……1房
マヨネーズ……小さじ1/2
パン粉……小さじ1
粉チーズ……小さじ1

たんぱく質やカルシウムが豊富なさんまに、マヨネーズのコクをプラスした一品。魚嫌いな子でも食べやすい味です。

【作り方】

1. さんまは焼いて皮と骨を取り除き、身をほぐす。
2. トマトは皮を湯むきして種を取り除き、ブロッコリーはゆでて、それぞれ細かく刻む。
3. ボウルに1、2を入れ、マヨネーズを加えてよく混ぜ合わせる。
4. 耐熱容器に3を入れてパン粉と粉チーズをふり、トースターで2分焼く。

主菜 手で持って食べられる!

スティックチキン煮

【材料(1人分)】

鶏手羽元肉……1本
しょうが……少々
だし汁……1カップ
A しょうゆ……小さじ1/2
A 砂糖……小さじ1/3
ミニトマト(赤・黄)……各1個

鶏手羽元肉は良質なたんぱく質を多く含みます。

【作り方】

1. しょうがは薄切りにする。
2. 鍋にだし汁、鶏肉、1を入れて煮る。
3. 煮立ったらAを加えて10〜12分煮込む。
4. 3を器に盛り、4等分に切ったミニトマトを添える。

※ミニトマトは3歳くらいまでは小さく刻んであげましょう。

主菜 とろみがついて食べやすい

マーボーなす

【材料(1人分)】

豚ひき肉……25g
なす……15g
長ねぎ……5g
ごま油……小さじ1/2
しょうゆ……小さじ1/2
砂糖……小さじ1/2
水溶き片栗粉……適量

免疫力を高めるカリウムが豊富ななすは、積極的にメニューに取り入れたい食材。苦手なら皮をむくと食べやすくなります。

【作り方】

1. なすは1cm角に、ねぎはみじん切りにする。
2. フライパンにごま油を熱し、豚肉を炒め、1を加えて炒める。
3. 2にしょうゆ、砂糖を加えて調味し、水溶き片栗粉でとろみをつける。

料理INDEX

主食

主菜

副菜

汁もの

おやつ

監修・料理　牧野直子（まきの・なおこ）

女子栄養大学生涯学習講師、管理栄養士、料理研究家。スタジオ食代表。子どもから大人まで、幅広い年齢層に応じた講演や栄養指導、メディア出演などを通じて、食事と栄養についての情報を提供している。著書に『はじめてママのきほんの幼児食』（西東社）、『はじめてママ＆パパの幼児食－1才半から5才 こどもの成長・発達を支える毎日の愛情レシピがいっぱい』（主婦の友社）など多数。

料理　小池澄子（こいけ・すみこ）

女子栄養大学生涯学習講師、管理栄養士、一般社団法人日本胎内記憶教育協会認定講師、料理研究家。食と自然と人を結ぶネットワークカナ代表。保育園や小児科、地域での子育て支援、栄養相談、講演などを行っている。著書に『1～5才ごろ はじめての幼児食』（学研パブリッシング）、『いちばんやさしい きほんの幼児食』（成美堂出版）など多数。

※本書は、当社『この1冊であんしん はじめての幼児食事典』（2015年5月発行）に加筆して再編集したものです。

STAFF

編集製作
上善亜希子、鈴木香織、石川瑞子、志澤陽子
（株式会社アーク・コミュニケーションズ）

文
日下淳子、籔智子

カバーデザイン
岸麻里子

カバーイラスト
Kyoko Nemoto

本文デザイン
岸麻里子

DTP
佐藤琴美（ERG）

本文イラスト
サイダイクコ

撮影
清水亮一、田村裕未（株式会社アーク・コミュニケーションズ）、
杉山雄樹

スタイリング
すずき尋己、伊藤みき、藤井可織

栄養価計算
スタジオ食

調理協力
徳丸美沙、石垣晶子、小南枝美、大森好美、倉田郁子、桑名美桜

校正
木串かつこ

企画・編集
端 香里（朝日新聞出版 生活・文化編集部）

改訂新版《かいていしんぱん》
この1冊《いっさつ》であんしん
はじめての幼《よう》児《じ》食《しょく》事《じ》典《てん》

2023年6月30日　第1刷発行

監修・料理　牧野直子
料　理　小池澄子
発行者　片桐圭子
発行所　朝日新聞出版
〒104-8011　東京都中央区築地5-3-2
（お問い合わせ）infojitsuyo@asahi.com
印刷所　図書印刷株式会社

ISBN　978-4-02-334124-1

定価はカバーに表示してあります。

落丁・乱丁の場合は弊社業務部（電話03-5540-7800）へご連絡ください。
送料弊社負担にてお取り替えいたします。